ピッとシンプルに『魅力』や『才能』を開花させる

読むだけで

宇宙とつながる自分とつながる

Lily Wisteria
リリー・ウィステリア

BAB JAPAN

プロローグ

こんにちは。LilyWisteria（リリー・ウィステリア）です。

私はほんの1年4か月前まで、教員として学校教育に携わっていました。そんな私に、まさか自分が体験した宇宙の話を本に書かせていただけるビッグチャンスが訪れるなんて思ってもみませんでした。

「宇宙の話」などと言うと、私のことを「もともと生まれつき何かを感じたり見えたりできるのだろう」と思うかもしれません。でもそうではありません。

私は、生まれつき霊的なものが見えるわけ

はじめまして!!
リリーウィステリアです。
ちなみに日本人です（笑）
これから楽しく宇宙とつながるコツを
お話していきますね。

prologue
プロローグ

ではありませんし、霊的能力を持った家族がいるわけでありません。ごくごく普通の田舎の家庭に育ちました。父も母も公務員。真面目で努力家な兄が一人。そして優しい祖父母。私はそんな6人家族で暮らしていました。

そうした普通の環境に育った私だからこそ、きっとみなさんにお伝えできることがあると思います。

小さい頃は、見えないものなど全く信じない、存在しないと思い込んでいた私でした。その私が見えないものを見る体験をしたのは、25歳の時でした。

そこから激動の人生を歩んできました。

まずはじめに、そのことを皆さんにお話したいと思います。ほんの少しだけ怖い話も出てきますが、あえて実際に体験したことを書かせていただきますね。怖い話はプロローグだけですから、ご安心くださいね。

私は、「科学で証明されていないものは信じない」という子供時代を過ごし、怖い話も、ホラー映画も怖くて全く見ませんでした。

私は大学を出て関東の教員になり、その後すぐに22歳で結婚しました。新婚生活ですから、本来なら、楽しい日々を過ごすはずでしたが、どこかで魂が物足りなさを感じている毎日でした。当時の私はとても恵まれた環境にいました。結婚後すぐに教員を辞め、夫や家族にも応援されて好きなことに熱中していたのですが、そのことに感謝の気持ちが持てなかったのです。その上、「結婚していなければ、もっと自由なことがやれたのに！」とさえ思っていました。そんな私に、突然、世にも恐ろしい心霊現象が降りかかったのでした。

ある日の夜、私と夫が寝ている時に突然、まるでホラー映画のような恐ろしい心霊現象が起きたのでした。

その日を境に、私と夫は急に不仲になり、お互い家に帰るのが嫌になってけんかが増えていきました。そして、ついに3ヶ月後に夫がマンションを出て行き別居することとなり、やがて離婚しました。

この恐ろしい体験から、私たちの人生は一変し、その日から約9ヶ月間、私は次々と恐ろしい体験をしました。夫もその間に2回も交通事故に遭いました（幸いにも大きな怪我はありませんでしたが）。

prologue
プロローグ

私は今まで見たこともないものをたくさん目にしました。黄色い包帯でグルグル巻きのミイラが玄関に立っていたり、深夜に突然知らない人の怒鳴り声が聞こえて「起きろ！」と起こされたり、突然部屋の電気が点滅し始めたり、なくなっていた本が朝起きたら枕元に置いてあったり……。そんな、今までに体験したことのないことが起こったことや、別居というショックから、私は精神的にとても参ってしまいました。すっかりやせ細り、今では考えられないくらい病弱な体質になっていました。

そんなある時、私は生まれ育った田舎に戻ることになりました。戻る前に、友人がある女性を紹介してくれました。東京の吉祥寺に住むミュゲさんという女性でした。彼女は、当時まだ珍しかったリーディング（霊視）をお仕事としてされていたのですが、私は実家に

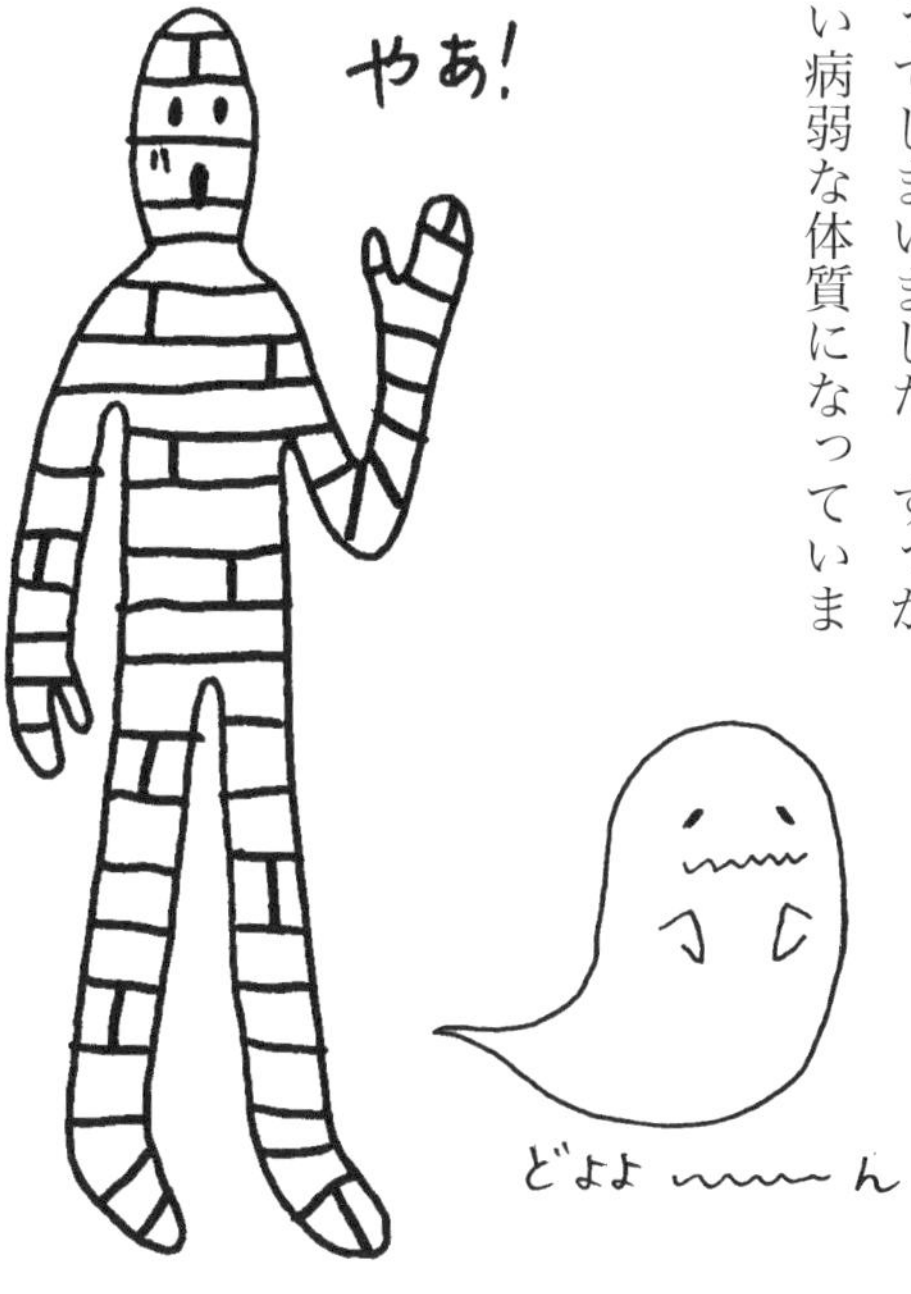

帰る前に、一度観てもらおうと思って、彼女の元を訪れました。

　そして、夫とのことを見てもらいました。すると、私の離婚は前世が関係していると言われました。前世を見てもらったのは初めてでしたが、不思議と腑に落ちる感覚がありました。さらに、私は恐ろしい現象が続いていることをミュゲさんに相談しました。すると彼女はさらりとこう答えたのでした。

「あ、大丈夫ですよ〜。むやみに怖がらないことが肝心ね。この世界には、周波数があって、低い周波数にアクセスすると怖いものが見えるけど、高い周波数にアクセスするとそんなもの見えなくなるわよ。ラジオの電波を合わせるような感じでやってみて」

　私はそれまで、周波数というものを全く意識したことがありませんでしたが、なんとなく自分が低い周波数にアクセスしているのが感じられました。

私は一瞬だけ、高い方のエネルギーを意識して、ピッと周波数を合わせてみました。

するると、不思議なことに！　その日を境に、約９ヶ月間続いた恐ろしい体験が、すっかりなくなったのです。

　ですが、見えないものを感じる能力は残ったままで、人のキラキラと輝く才能や未来の姿などが見えるようになっていきました。

prologue
プロローグ

私は、こうした体験を通して、**この世界にはいろんな周波数があり、自分がどこにアクセスするかによって、見えるものが変わってくるということを理解したのでした。**

私は若くして離婚に至り、ボロボロの精神状態でしたが、人生をよりよくしたいと願い、その一心で生きていきました。

自分の意識一つで見える世界が変わってくることを体験した私は、自分の人生は自分次第で創っていけるのだと感じられるようになったのです。

そして、宇宙から「宇宙の映像」を見せられる日がやってきたのです。

2013年、導かれるように自分の体験を話すシークレットセミナーを広島で開催しました。はじめてにも関わらずほぼ満席になり、その後、2014年7月から宇宙セミナーを本格的にスタート。私は宇宙から突き動かされるように、たった半年間で全国11都市を講演していました。今や15分で満席になってしまう講座もあるほどの人気に私も正直驚いています。

嬉しい声をたくさん頂くことも増え、例えば受講生さんの中に、自己啓発やスピリチュアルなセミナーに約2000万円もの大金を投資した50代の女性がいました。彼女はそれまで多くのセミナーに参加したものの、深く理解できなかったと言っていました。その彼女が私にこう言いました。「Ｌｉｌｙさんのセミナーで初めて深く落とし込むことができ、本当に人生が劇的に変わっていきました」と。

私は今、『宇宙の秘密３６５』というメルマガを毎日配信していますが、こちらも大人気で、このような感想をたくさんいただいています。

●いつもドンピシャな内容でびっくりしています！「私のことを見ていたのでは？」と思うくらいです。
●どのメルマガよりもスーッと心に響いて、腑に落ちていきます。
●毎朝このメルマガなしには過ごせません。今や私のバイブルです！
●毎日少しずつ内容を自分の中に染み込ませていくことで、本当にワクワクする生活を過ごせるようになりました。
●メルマガをプリントアウトして、マーカーを引いて実生活に活かしています。
●毎日ノートに書き写して勉強しています。人生が変わりました。

prologue
プロローグ

毎日のメルマガとともに成長してきた私が、改めて宇宙について、1冊の本として語ることになりました。

この本では、私が実際に見て体験し、効果があったこと、自分に変化が起きたことのみをわかりやすく書き綴っていきますので、どうぞ楽しんでいってくださいね！

ちなみに、私のセミナーには、小学生もやってきます。

小学生が、2時間以上もじーっと真剣にお話を聞けるくらい、簡単でシンプルで面白い内容ですので、頭を柔らかくして読み進めていってくださいね。

それでは、いざ、本編へと進んでいきましょう！

CONTENTS

chapter 02 エネルギーを感じる

chapter 03 自分とつながる

chapter 04

人生のミッションにたどり着くために

chapter

06 今この瞬間に生きる

chapter 01

宇宙は愛でできている

1 宇宙はシンプル！

…ある日突然、宇宙から「宇宙の映像」が降ってきた…

プロローグにも書きましたが、私は25歳の時に、突然見えない世界を見る経験をしました。

それから約3年ほどは、特に不思議な現象も起きないまま、普通の毎日を過ごしていました。

特別な体験は何もありませんでしたが、自分の人生がもっと素敵に輝くように、日々いろんな本を読んで実践することにワクワクしながら過ごしていました。でも、まだ自分が本当にやりたいこと、人生のミッションは見つかっていませんでした。

離婚のショックからも立ち直り、ようやく教員に復帰し、田舎の祖父と二人暮らしで穏やかな毎日を過ごしていた時のことです。

そんな平凡な毎日の中、私は仕事から帰り、夕飯を済ませ、お風呂の中でゆったりと半身浴をしてリラックスしている時でした。

突然、ピカッ！と目の前が光り、ある映像が見えたのでした。

映像が見えたのは、まるでフラッシュバックのような一瞬の出来事で、1秒もないほどでした。

そして、**その映像は、なんと「宇宙がどのようにこの地球を操っているか」という映像だったのです。**

私が見た一瞬の映像を詳しくお話しすると、私の視点が、「宇宙の視点」になっていました。私は、宇宙から地球を見降ろしていたのです。

地球は、あの青い球体ではなく、夜空のような色をしていて、陸や川が見え、地球上に無数の星が輝いていました。よく見ると、その無数の星は、人間の輝く魂だったのです！

そして、**人間一人一人に、宇宙が青い光を降ろしていて、「1ミリの狂いもなく、人間を采配している」**という映像だったのです。

1秒もないほどの一瞬の映像だったのですが、私は、宇宙がどのようなしくみで私たち人間を采配しているのかを知りました。まるで、私の脳に宇宙のしくみがインストールされたかのような感覚でした。

「宇宙のしくみがわかった！」という驚きと共に、「思い出した」感覚がしたのです。

私が見たその映像は、あまりにもシンプルでした。

宇宙は愛に溢れていて、すべて愛を持って采配していたのでした。

もしかしたら、このシンプルなしくみを知らないで苦しみもがいて生きてきたのは、私だけだったんじゃないだろうか……？と思ったほどです。

本当は、みんなもう既に知っていて、楽に生きているのではないだろうか？

私だけが感情のジェットコースターに乗って、アップダウンの激しい毎日を過ごしてきたのではないだろうか？

そんな風に思ったのです。

そして、私は、この宇宙のしくみを思い出した感覚がしました。

腑に落ちたというよりも、もっと深く理解していて、**「忘れていた大切なことを思い出した」**という感覚だったのです。

この私が見た宇宙の映像は、何年もの間、誰にも話しませんでした。

なんとなく、話してはいけないような気がしたのです。

そして、この映像を見たことすらすっかり忘れ去っていましたが、私の脳内には、しっかりと宇宙のしくみがインストールされていて、思ったことがどんどんと叶っていきました。

この宇宙の映像は、私が宇宙セミナーをしながら全国を回っている時に、ある時ふと思い出したのでした。

「そういえば、私、宇宙から映像を見させられたんだった……」と。

宇宙の映像は、すっかりと忘れ去っていましたが、思い出したとたんに、鮮明にその映像が思い出されたのでした。その時感じた、宇宙のエネルギーも！

そして、私が話して回っている宇宙セミナーの内容に見事にリンクしていることがわかりました。

この本では、私が宇宙から見た映像と、宇宙にインストールされた宇宙のしくみ、そして、実際に自分が行動して成果があったことをわかりやすくお伝えしていきたいと思います。

私の宇宙の話は、とても実践的で具体的です。


本書を読んで、「あ〜、知ってる知ってる」と思って、さらりと内容を流さないでください。

あなたがどれだけ体験しているのかを、しっかりと見つめて欲しいのです。

「知っている」と「体験している」では、大きく違います。

ぜひとも、あなたのこれまでの人生と照らし合わせて、ご自分がどこまで体験しているかを見つめながら読み進めていってくださいね。

…私たちは、生まれながらにして輝く存在…

私が見た宇宙の映像に、無数の輝く星が見えました。その星たちは、人間の魂でした。**私たちは、本当は生まれながらにして輝く存在**なのです。

ですが、その輝きを忘れてしまい、宇宙のしくみを忘れてしまい、この地球に降り立ってきています。

その、宇宙のしくみを思い出す旅をしているのです。

私が特別に宇宙のしくみを知っているのではありません。すべての魂が宇宙のしくみを本来は知っているのですが、地球に降り立つ時に忘れてきました。忘れることによって、様々な経験を味わっているところなのです。

私たち人間は、どうしても自己否定が強く、自分に自信がありません。どうやったら自分が素敵になれるのだろうか?と必死になっている人が多いのですが、実際は、もう既に輝く魂を持っているのです。その輝きを最大限、この地球で発揮するだけです。

その輝きは、あなたがあなたである時に発揮されます。

だからこそ、誰かの視点で物事を考え、判断しても魂は輝きません。

自分はどんな風に生きたいのか?
自分は何をしたいのか?
自分がやりたいことをやって生きていく時に、魂は本来の輝きを取り戻していきます。

ないものを探そうとするのではなく、あるものを磨いていくだけなのです。
すべての人が、輝く魂を持っています。それは間違いありません。
ただし、その輝きをこの地球上でうまく表現できていないだけなのです。
一人一人が、本来持っているその輝きを放っていけたら、この世界は平和になります。
一人の幸せと輝きは、たくさんの人に波及していくのです。
まずは、この本を読みながら、あなたの輝きを感じてみてくださいね。

work

★知識を「知っている」のと、「体験している」では、大きな違いがあります。
これまでのあなたの人生と照らし合わせて深く見つめていきましょう。
★私たちは、生まれながらにして輝く存在です。自分に足りないものを探すのではなく、自分の中にあるキラリと輝く部分を見つけ、引き出していきましょう。

2 宇宙は1ミリの狂いもなく、私たちをベストな環境に采配している

：：宇宙はどこにある？：：

ある時、友人からこんなことを質問されました。

「Lilyがいう宇宙って、あのスペースシャトルで行く宇宙のこと？　宇宙は遠く感じるし、宇宙は愛っていっても、全く実感がわかないし、あの宇宙はなんだか冷たそうに見えるよ。地球なら愛を感じるけどね！」

これを聞いて、「ああ、なるほど！」と思いました。人それぞれ、宇宙に対するとらえ方が違うということに気づいたのでした。

では、私が感じる宇宙とは、何であるかをお話しますね。

私がいう宇宙とは、あの理科の授業で学んだ宇宙空間のことではありません。

もちろん宇宙空間のことも指しますが、それだけではありません。

宇宙とは、あなたが今見ているもの、体験していること、今いる場所、あなた自身も、すべてが宇宙です。

宇宙の中にある地球ですから、地球も私たちも宇宙の一部です。

宇宙とは、あなたとかけ離れた存在ではなく、いつもあなたの側にいます。そして、**あなた自身も宇宙**なのです。

…すべては自動的に起きている…

世界は、自動的に動いています。私たちは、自分の意思で考え、動いていると思い込んでいるのですが、ほとんどが自動的に操られているのです。

「歩け」と脳みそが指令を出さなくとも、私たちは無意識で歩き出します。「歯を磨け」といちいち意識しなくても、無意識で歯を磨き、服を着替えて仕事に出かけるでしょう。あなたの内側に起きる感情や思考もほぼ自動的です。悩みも自動的に溢れ出てくるし、ふと誰かを好きになったり、何かに惹かれたりするのも自動的です。好きになろうと思っても、なかなかそうはなれません。

私たちは、自分の意思で行動していると思い込んでいますが、本当は、自分の意思を超えて、無意識で動いていることがほとんどなのです。

人間は無意識で動いていますが、言い換えると、宇宙に動かされているのです。

宇宙は1ミリの狂いもなく、私たちをベストな環境に采配しています。誰一人の例外なく、すべてが完璧なタイミングでベストな環境を与えられているのです。

このことが深く腑に落ちたのは、やはりあの「宇宙の映像」を見た時でした。

常にベストな環境に導かれるのなら、私は変に思い悩むことはないのだと安心して過ごすようになりました。それだけで人生生きやすくなりました。

私たちは、時に意図して一生懸命悩んだり考えたりして答えを生み出そうとしますが、本来は宇宙に身を委ねていれば、うまくいくのです。

…アクシデントは宇宙からのギフト…

宇宙は、愛でできています。

これは、きれいごとではなくて、真実です。

私は、人のオーラの色が見えたりすることはほとんどありませんが、この宇宙が愛でできているのはいつも感じています。

愛のエネルギーが循環しているのです。

宇宙は、愛でできていると言っても、あなたの周りには、いろんなアクシデントもやってくるでしょう。すると、「なんで私ばかり不運なんだろう？」と思ってみたり、または周りの人のせいにしたりすることもあるでしょう。

私も25歳頃までは、アンラッキーなことや何かアクシデントが起きると、「また私にばっかり嫌なことが降りかかる！」と苛立ちを覚えていました。そのイライラを周囲のせいにして、生きていたのですが、25歳の時に突然やってきた離婚の危機によって、今までの人生を大きく見直す機会がやってきました。

第3章でも詳しくお話しますが、離婚をきっかけに**「自分を幸せにするのは、自分しかいない」「人生は自由に描ける」**という大きな気づきを得たのでした。「あぁ、この気づきのために、この離婚というきっかけを与えられたのだな」と感じ、今は離婚という出来事が与えられたことに、とても感謝しています。

アクシデントは、いろんな形であなたのところにもやってくることがあるでしょう。離婚、失恋、流産、病気、怪我、失業、死別、人間関係のトラブル……何かが起きた時に、「何でこんなことが起きたの!? 私ばっかりついていない！」と思うよりも、**このアクシデントは宇宙からのギフトかもしれないと思って、そこに大切な気づきのギフトがないか見つめてみ**

ましょう。

宇宙は愛でできていますから、どんな出来事もすべては「愛」でしかないのです。

表面的にはとても悲惨な出来事も、その奥を見つめていくと必ず宇宙の愛によって、大切な気づきのギフトが隠されています。

「ピンチはチャンス」と言いますが、私自身の経験を振り返ってみると、「ピンチは大大大チャンス！」だったな～と思います。

ピンチの最中にいるときは、苦しくて見えていないことも多いでしょうけど、いずれ、何のために起きた出来事だったのかがわかる時がやってきますよ。

宇宙は愛でできているので、安心して身を委ねてくださいね。

work

★宇宙は、そこかしこにあります。目にしているものすべてが宇宙であり、あなたも宇宙。宇宙はいつもあなたの身近に存在しています。今見えるものすべてが宇宙だと思って、世界を眺めてみましょう。

★宇宙は1ミリの狂いもなく、あなたをベストな環境に導いています。宇宙は愛でできています。だからもっと楽に宇宙に身を委ねてみましょう。

★アクシデントは、宇宙からのギフトです。ピンチは、大大大チャンスです！　ピンチの時こそ、自分が大きく成長できる大切な気づきが隠されています。表面的な部分だけでなく、その出来事の奥に隠された大切な気づきにも意識を向けていきましょう。

3 かけがえのない自分の一生を愛する

…あなたであることが最も美しい…

私がこの本を通して、最も伝えたいことは、**「あなたがあなたであることが最も美しい」**ということです。

宇宙は、この一生であなたにとって必要なすべてを与えてくれています。

でも、私たちは「自分の魅力や才能」に目を向けず、人に合せて生き、自分を見失って苦しくなります。

どんな資格を取ったら収入が増えるのだろうか？
どんな服を着たら、人からよく思われるのだろう？
どんな態度で接したら、人から好かれるのだろう？

そんな風に他人の目線で生きて、自分で自分を苦しくさせている人がたくさんいます。かつての私もそうでした。

そんな思いが払拭されたのが、私が油絵を始めた時でした。

私は、小中高校を卒業し、大学に進学しました。そのあとはまた小学校の教員となり、社会人になっても私は学校現場にいたのでした。

日本の学校では、ほとんどの場合、テストの答えは一つと決まっています。

自由な発想で回答するよりも、学校教育が求める答えを書かなければ、正解とは認められません。

そんな世界を生きてきて、私はある時教員を

辞めて油絵の世界に入った時、たくさんの衝撃を受けました。自分の自己表現にとても苦しめられたのです。

どこかで正解を求める癖が手放せず、自分が表現したいことを描くよりも、「どう描いたら評価されるのだろう？」という他人目線でとても苦しくなってしまいました。

その一方で、周りの人たちの表現する姿を目にしながら、こんなことを感じました。「その人がその人としてありのままを表現した時が最も美しい」と。

技術的な上手い、下手ではなく、人の心を打つ時は、その人がその人らしく輝いた時です。

自分ではない何かを取り繕って生きていくよりも、ありのままの自分を表現するだけで、美しいのだと。そして、すべての人は、生まれながらにして輝いていて、その輝きを発するには、自分ではない誰かになるのではなく、自分らしさを素直に表現していくことなのだと感じました。

ほとんどの人は、子どもの頃はもっと自由に発想し、もっと自由に自己表現していたでしょう。ですが、大人になるにつれ、自由さを見失い、いつしか人の目が気になって生きていくようになります。

大人になったあなたが、「周りの目線を気にする自分」も受け入れた上で、もう一度自分らしさを解放していった時に、あなたの魂がますます大きな輝きを放つでしょう。

自分を尊重できる人は、他人も尊重できます。
あなたの美しさ、輝きをあなた自身が認めて、表現していきましょう！

…自分を生きる…

宇宙は、あなたがあなたらしく生きることを望んでいます。その気づきを時には愛を持って、アクシデントやピンチという形で教えてくれることもあります。

あなたの一生は、あなたのものです。誰のものでもありません。
自分を生きることが、周りの人の幸せでもあるのです。

もし、自由に生きることを家族や周りの誰かから望まれていないと感じても、ひるまないでください。

周りの人がいろんなことを言ってこようとも、その人たちの魂も、深いところでは本当は、あなたがあなたらしく生きることを望んでいるのです。しかし、今はその人がその生き方をできていないので、うらやましくなってそう言ってしまうだけなのです。

あなたは堂々とあなたの人生を生きてください。

今から「自分を生きる」と宣言してください。

その宣言とともに、この本を読み進めていってください。

かけがえのない一生を他人に翻弄されているようでは、幸せにはなれません。

「自分を生きる」とコミットして行動することで、驚くほど宇宙は動き出します。

それでは、どのように自分の人生を生きていったらいいのか、これから詳しく綴っていきますね。

work

★誰かに好かれようとして生きるよりも、あなたがあなたである時に最も美しく輝きます。表面的な美しさだけではない、奥底からにじみ出る魂の輝きを感じてみてください。

★「自分を生きる」と宣言してください。その宣言をするだけで、人生を主体的に生きられるようになり、宇宙がパワフルに動き出します。かけがえのないあなたの一生をどうか思いっきり愛してください。

4

あなたは無限の可能性を持っている

…自分の中にすべての答えが眠っている…

今まで皆さんは、宇宙とは曖昧でどこかふわふわとした世界観だととらえていたかもしれませんが、実際は曖昧ではなく、どのように生きていったらよいかは、すべてあなたの中にはっきりとした答えがあるのです。

宇宙とつながることは、自分とつながること。

宇宙とは曖昧なものではなく、自分のことであり、すべて自分の中に答えがあります。その答えをどのように紐解いていったらよいかがわからないから、私たちは苦しくなり、他人の視点で生きてしまうのですが、答えはまず自分の中にあるのだという前提のもと、日常を生活してみてください。

すると自然と自分自身の内側に目が向けられるでしょう。

宇宙は、実際にどのように私たちを采配していて、どのように宇宙からのメッセージがやってきているのかは、後ほど具体的に語っていきますね。

私が見た宇宙の映像は、私たち一人一人に一筋の青い光を降ろしてきています。その青い光は、実際は単なる象徴的なものなのかもしれませんが、その宇宙からやってくる象徴的な青い光によってたくさんのメッセージやサイン、自分の生きる方向性まで教えてもらっているのです。その感覚がやってくるのは、すべてあなた自身にやってきます。

誰かに答えをもらうのではなく、本当は自分の中にすべての答えがやってきているのです。宇宙からやってくる答えと、魂の意図することをキャッチして行動することで、自分の望む人生を歩んでいくことができます。

宇宙に身を委ねて生きていきますが、身を委ねながらも、あなたの中にやってくる答えにも意識を向けていきましょう。

宇宙からの自動操縦とともに、人生は自分でも創り出していくことができます。（このこ

とに関しては、第7章でじっくりお伝えしますね）

私は、自分の中の答えをキャッチしながら、行動してきて、今があります。

まだまだ教員から完全に独立して1年4ヶ月。自分の中にある答えを見過ごしていたら、きっとこの本を出版することもできなかったでしょう。


自分を信じないで、人の意見で生きている人がいますが、人はそれぞれいろんな言葉を発します。人の意見を参考にしてもいいですが、**人の言葉に左右されないようにするためにも、しっかりと自分の中にある答えを見つけていく術を学んでいきましょう！**

…地球で、あなたの可能性を最大限発揮しよう！…

あなたは、無限の可能性を持っています。これは真実です。

その一方で、大切なポイントがあります。

あなたの無限の可能性は、あなたに与えられた才能の中で、開けていきます。

自分にないものを足そうとするよりも、**自分にあるものを伸ばしていけば、あなたの人生**

は大きく開けていきます。

例えば、私は文章を書いたり、絵を描いたり、自己表現することが大好きで、宇宙のことを追求することにもとてもワクワクします。

つまり、私の人生において、これらのことには無限の可能性が待っています。

でも、私は数字にとても弱くて、水泳も苦手。だから今世の私には、例えば数学者になるという可能性や競泳選手になるという可能性は組み込まれていません。**もし苦手であっても、追求したい！　ワクワクしたい！と感じるなら、そこには可能性があるでしょう。**でも、興味関心もなく、ワクワクもしなくて、苦手だと感じるので、そこに私の今世の可能性は含まれていません。

あなたが、今ワクワクしていること、得意なこと、当たり前にさらりとこなせるので才能だという自覚すらないことに、あなたの可能性が眠っています。

苦手なものを必死で補おうとするのではなく、あなたの中にすでにある可能性を伸ばしていってください。

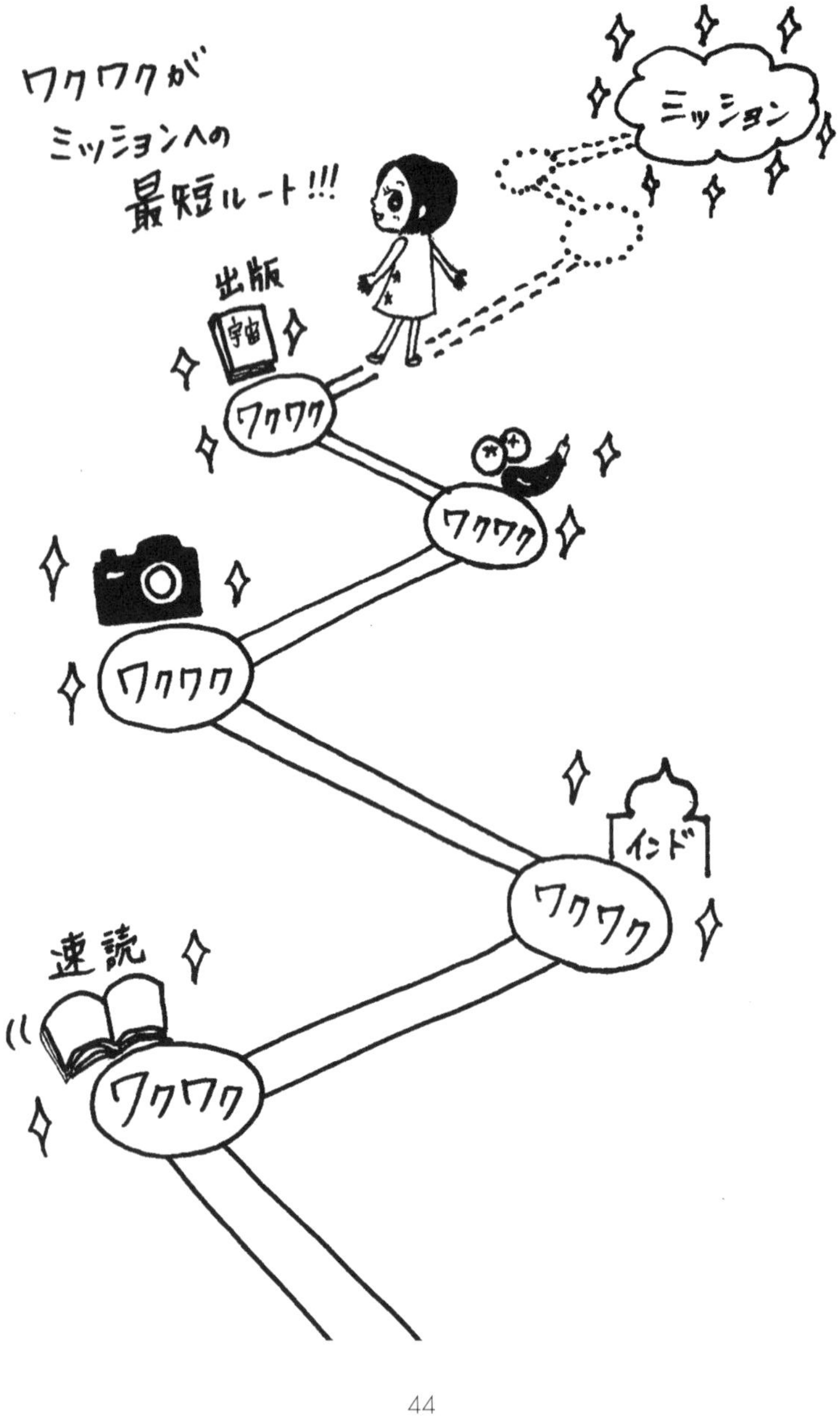
ワクワクが
ミッションへの
最短ルート!!!
ミッション
出版
宇宙
ワクワク
ワクワク
ワクワク
インド
ワクワク
速読
ワクワク

それこそが、魂の喜びであり、今世の地球を最大限に楽しむポイントです！
だから「自分を生きる」という宣言が大切なのです。
あなたではない誰かになろうとしても、魂は満足しません。

あなたの魂はすでに輝く存在ですから、どうか自分らしく生きてその輝きを発揮していってください。

私の場合右のようなワクワクルートを辿っています。
こちらのエピソードは、後で紹介しますね。

それでは、第2章からは、「宇宙のしくみを実際にどう日常に活かしていくか」という具体的かつ実践的なお話をしていきます。

どうぞ、ワクワクページをめくっていってくださいね。

work

★あなたが今世どう生きていけば良いのかは、すべてあなたの中に答えがあります。誰かが教えてくれるものではなく、あなたの内側に答えがやってくるのです。他人の目ではなく、自分がどう感じているかをもっと深く見つめていきましょう。

★あなたは無限の可能性を持っています。今世あなたに必要なものは、すべて与えられて生まれてきています。あなたがワクワクしていること、得意なこと、当たり前にこなせるので才能だとも気づいていないことは何でしょうか？　そこに、あなたの可能性が眠っています。

chapter 02

エネルギーを感じる

1

この世界は、エネルギーでできている

…見えない世界には周波数がある…

ここからは、宇宙のしくみを日常生活と照らし合わせてみていきましょう。

この世界は、エネルギーで出来ています。私たちが今目にしているもの、例えば、机やパソコンやスマートフォンやコップや目の前にいる人、これら目に見えるすべてのものはエネルギーで出来ています。しかも、単独で存在しているわけではなく、すべてエネルギーでつながっています。

私たちは、肉体が自分自身だと思っていますが、肉体を超えたところにもあなたのエネルギーが存在し、宇宙のエネルギーとつながっています。

プロローグでも、私がこの世界に周波数があることを知るに至った体験を書きましたが、見えないはずの霊的なものを見るという恐ろしい体験をし、不安な毎日をおくっていた私に、リーディングしてくれた女性はこう言いました。

「あ、大丈夫ですよ〜。むやみに怖がらないことが肝心ね。この世界には、周波数があって、低い周波数にアクセスすると怖いものが見えるけど、高い周波数にアクセスするとそんなもの見えなくなるわよ。ラジオの電波を合わせるような感じでやってみて」

彼女があまりにも軽やかに言うので、私はびっくりしてしまいました。

それまで、この世界に周波数があるなんて

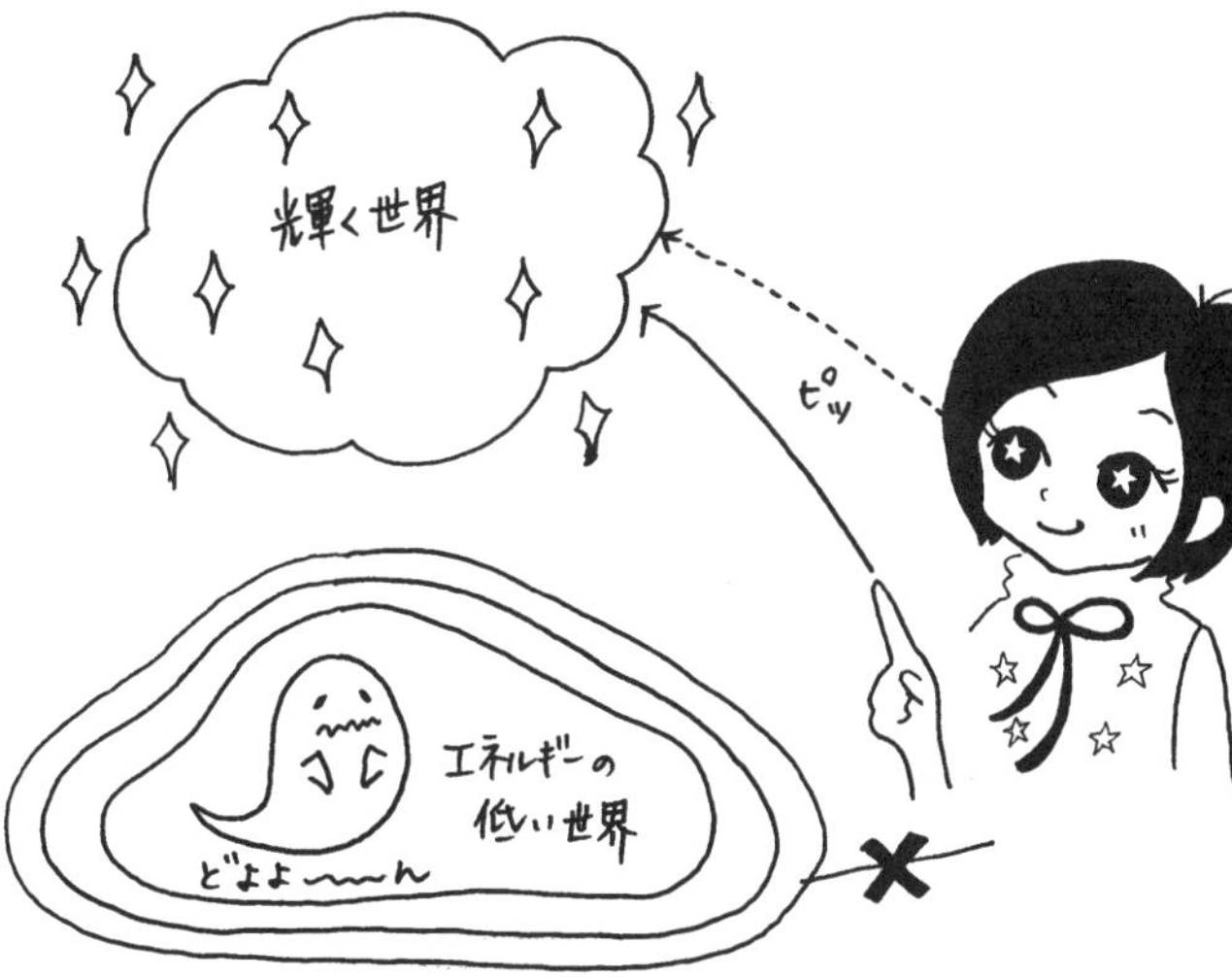

感じたことも考えたこともなかった私ですが、この時なんとなくピンときたのでした。
その時、明らかにおそろしいエネルギーに意識が向いていたのがわかったので、そこからもっとキラキラと輝く世界に一瞬だけ、ピッと意識をアクセスしてみたのです。
すると、その日を境に今日に至るまで、一切怖いものを見なくなりました。

この体験から、この世界にはいくつもの周波数があって、自分がどこにアクセスするかによって、見える世界が変わってくるということを学んだのでした。

あなたももしかすると、今までは周波数というものを意識したことがなかったかもしれません。そこで、この世界には周波数があり、どこにアクセスするかによって見える世界が変わってくるという認識のもと、改めてこの世界をじっくりと眺めてみてください。きっと、今までとは違う気づきがあるでしょう。

…オーラが見えなくても大丈夫！
あなたはすでにエネルギーを感じている…

周波数の話をすると、「私、オーラとか見えないんです。それでも大丈夫でしょうか？」と言われることがあります。

私は、いつも「はい！　全く問題ありませんよ。大丈夫です」と即答します。

私自身は未来が見えたり、エネルギーを感じたりしますが、オーラの色自体はほとんど見えません。

どうしても視覚情報にとらわれ、見える見えないで物事を判断しがちですが、もっと「感じる」ということを大切にしていきましょう。

オーラは見えなくても大丈夫です。ですが、あなたはもう既にエネルギーを感じています。これまでも実はエネルギーを感じていたのですが、それを自覚していなかっただけなのです。このように言うと「え？」と思うかもしれませんね。そこで、どんな風に感じていたのかを見てみましょう。

これから伝える二つの情景を思い描いて、エネルギーを感じてみてください。

まずは、満員電車を思い描いて、そこからエネルギーを感じてみましょう。

いかがでしょうか？
あなたはどんな感覚を得ましたか？

次に、神聖な神社を思い描いて、そこからエネルギーを感じてみましょう。
今度はどんな感覚がしますか？
満員電車の時と何か違う感覚ではありませんか？

こうやって、「エネルギー」という視点でものごとを意識的に感じてみると、これまできっとあなたも何らかのエネルギーを感じていたと思えるのではないでしょうか？

例えば、こんなことです。

満員電車のエネルギー

神聖な神社のエネルギー

●すごく心地よいな～と感じたり、不快に感じたりした。
●ゾクゾクっという体感があったり、モワモワっとした感覚がしたりした。
●鳥肌が立ったり、体が熱くなったりした。

誰でもこうした感覚を得たことがあるのではないでしょうか？

それが、エネルギーなのです。

日常生活の中で、自分が好きな空間に行くと、「あ～気持ちいいな～」「元気になるな～」と感じるでしょう。逆に、何だか薄気味悪く感じる空間があったり、ゾゾゾッとすることもあるでしょう。


何かが特別に見えなくてもよいのです。

あなたが「肌で感じること」にもっと意識を向けていきましょう。

それによって、今よりエネルギーを感じることができるようになります。意識することで、エネルギーを感じる能力を少しずつ磨いていきましょう。


満員電車と神聖な神社のエネルギーの違いが感覚的に「なんとなくわかる」のであれば、十分です。それくらいの感覚で、エネルギーを意識する習慣を持っていけば、やがていろんな物や空間のエネルギーを少しずつ敏感に感じ取れるようになっていくでしょう。今までは感じていても、感じているという自覚がなかっただけなのです。

これからはぜひともエネルギーを意識してみてくださいね。するといろんなエネルギーが存在していることに気づくでしょう！

work

★「この世界には周波数がある」ということを意識して、今目の前の世界を眺めてみましょう。そして、今までと違う気づきがないか、感じてみましょう。

★あなたの日常生活のあらゆる場面でエネルギーを意識してみましょう。例えば、空間のエネルギー。いろんな場所に足を運んだら、そこでエネルギーを意識的に感じてみましょう。

2 アクセスする周波数によって、体験する世界が変わる

…あなたはどの周波数にチャンネルを合わせている？…

この世界には、周波数が存在しているというお話をしました。それでは、あなたは実際に今現在どの周波数を選択していて、どんな世界を体験しているのでしょうか？　それを見つめてみましょう。

あなたは今、理想の世界にいると感じますか？

それとも、自分ではあまり満足していない世界にいると感じているでしょうか？

高いエネルギーと低いエネルギー、あなたはどんなエネルギーにアクセスしているでしょうか？

なんだかいつも元気がなかったり、見たくないものを見ているのだとしたら、低いエネルギーにアクセスされているのかもしれませんね。

よく、怖い霊的なものが見えることを得意げに話す人がいますが、あまり望ましいとは思えません。なぜなら、低いエネルギーにアクセスしてしまっているからです。

ラジオの周波数を合わせる感覚で、自分のいる周波数を見てみましょう。

今いるエネルギーがどんな感じかがつかめたら、更にどんなエネルギーを望んでいるかに気づくことができるでしょう。

…あなたが望む周波数を選択しよう…

では、実際にあなたが望む周波数にエネルギーをアクセスしてみましょう。

私はよく、人差し指をピッと空に向けるポーズをします。低いところから、高いところへと一瞬視線と意識をむけるような感覚で、高いエネルギーにアクセスしていきます。

もし、あなたが今、何かしら自分の望む環境にいなかったり、幸せで楽しい毎日を過ごせていないとしたら、あなたは自分が望む周波数の世界にはいないと言えるでしょう。

あなたが望む世界をワクワクイメージしながら、ピッとエネルギーを送ってみましょう。

自分が望む世界のエネルギーがわからないならば、自分が望む生き方をしている人と会っ

てエネルギーを感じてみたり、自分が好きな空間に実際に足を運んでみましょう。

もし、豊かになりたいのだとしたら、例えば5つ星ホテルのラウンジなど、豊かなエネルギーを感じられる場所に行ってみましょう。敷居が高いと感じてしまうかもしれませんが、あなたが豊かな世界を望むのであるならば、実際に行ってみる価値はありますよ。2000円あれば、コーヒーや紅茶を飲んでゆったりとした時間を過ごすことができるでしょう。そこで敷居の高さからくる居心地の悪さを感じたとしたら、エネルギーが同調していない証拠です。そして、いつもとは違うエネルギーを肌で感じている証拠でもあります。

そういう場所に出かけたら、思いっきりエネルギーを肌で感じて、記憶してきましょう。そして、日常生活に戻った時も、時々思い出して、そのエネルギーに意識をピッと向けてみるのです。

不思議なのですが、日常生活で悩みが絶えない人も、エネルギーの高い空間に行くと悩んだりすることができなくなるものです。

未来の計画や夢を思い描くには、ぜひともエネルギーの高い場所でワクワクしながら思い描いてみてください。いつも以上に良いアイデアがひらめくはずですよ。

お金の豊かさ以外にも、たくさんの豊かさは存在しますね。

私は今現在、田舎暮らしをしていて、畑で無農薬野菜を育てていますが、この自然いっぱいの生活もなんて豊かなんだろうと感じます。

お金以外の豊かさを味わいたい人は、大自然を思い出したり、自分が大好きな場所を思い描くと良いでしょう。それらを思い出したりイメージした時に、エネルギーを感じて、ブルブルッと体が身震いすることもあるでしょう。

また、私は美術館のような崇高でピンと張り詰めたエネルギーも大好きです。そこからたくさんのひらめきを得ますし、世界遺産などもよいですね。私はサグラダファミリアが大好きで、実際に現地に行った時に思いっきりその場の空気とエネルギーを全身に記憶させてきました。

日本に帰ってからも、よくその場のエネルギーを思い出しては、ピッと意識を向けてサグラダファミリアのエネルギーにアクセスしています。

あなたが好きな場所、あなたが神聖だと感じる場所、あなたが将来こんな所で過ごしたいなと思う憧れの場所などを思い描いて、ピッと一瞬エネルギーを向けてみましょう。自分のエネルギーをその空間のエネルギーに同調させるようなイメージです。

いろいろなエネルギーを記憶しておくことで、エネルギーにますます敏感になり、アクセスしやすくなっていきます。

大切なのは、あなたが望む世界のエネルギーがどんなものであるかを、日頃から意識して過ごすことです。

work

★あなたは今どんなエネルギーの世界にいると感じますか？　エネルギーを意識してみると新たな気づきがあるでしょう。

★あなたが望む世界の周波数にピッと意識を合わせてみましょう。自分の好きな場所のエネルギーを記憶して、それを時々思い出してアクセスする習慣を持ちましょう。

3

自分のエネルギーに気づく

…人のエネルギーより、自分のエネルギーを意識しよう…

ここまで読み進めてきて、今までよりもエネルギーが身近に感じられるようになったのではないでしょうか？

では、ここから更に肝心なお話をしていきますね。

エネルギーを感じられるようになったら、次は「自分自身のエネルギー」を意識していきましょう。

あなたは今、どんなエネルギーで過ごしていますか？
心地よいエネルギーで過ごしているでしょうか？

この世界は、エネルギーでできています。物も人も空気もすべてがエネルギー。もちろんあなたもエネルギーです。

自分がアクセスするエネルギーが、自分が体験する世界ですし、自分が発するエネルギーが、自分が受け取るエネルギーです。

私たちは、どうしても他人のことに意識が向きがちです。ですので、自分のエネルギーに意識を向けましょうとお伝えしても、こんな言葉が返ってくることがあります。

「うちの主人がいつもイライラしたエネルギーを発するから……」

「職場の上司がいつも威圧感のあるエネルギーを発しているから……」

「友人が愚痴っぽいエネルギーを出してるから、つい私までつられてしまって……」

このように、どうしても周りの人のエネル

ギーが気になってしまうものです。

でもこれからは、誰かのエネルギーに注目するのではなく、自分のエネルギーに意識を向けましょう。


あなたからもエネルギーが発せられています。

あなたは今日一日を、どんなエネルギーで過ごしましたか？


今日が、幸せで楽しい一日だったとしたら、そのエネルギーがまわりにも伝わり、幸せが伝染しているでしょう。

今日が、イライラしていて機嫌のよくない一日だったとしたら、そのエネルギーもまた周りの人へ届いているでしょう。

まずは自分自身がどんなエネルギーを発しているかに気づき、自分が望むエネルギーを選択していきましょう。


…あなたが与えたエネルギーが、あなたが受け取るエネルギー…

自分自身のエネルギーに注目していただきたいのには、わけがあります。それは、自分が与えたエネルギーが、自分が受け取るエネルギーだからです。

あなたがワクワク幸せを感じているならば、あなたが発したその幸せのエネルギーは周囲に伝わり、巡り巡ってやがてあなたの元に戻ってきます。

あなたが発したエネルギーが、あなたが受け取るエネルギーなのです。

宇宙は愛のエネルギーで出来ていますから、特に愛のエネルギーの循環が大切になります。

あなたが愛のエネルギーを発していると、周りの人も愛を持って接してくれるでしょ

う。

時には、あなたが優しく接した相手が、あなたに直接優しさを返してくれないこともあります。

宇宙のエネルギーはまわりまわって循環しています。なので、直接その人本人から返ってこないからといって腹をたてるのはやめましょう。

エネルギーはまわりまわって別の形になって返ってくるからです。

見返りは求めずに、まずはあなたが心地よいエネルギーでいることです。それによって、毎日が楽しく幸せになっていきますし、巡り巡ってやがてあなたの元に戻ってくるからです。自分が発するエネルギーに意識を向ける習慣を持ちましょう。

どうしても愛のエネルギーで過ごせない日もあるでしょう。

その場合は、その気持ちを大切にしてくださいね。なぜ自分の気持ちを大切にした方が良いかは、次の章でじっくりとお話しますね。

work

★自分が発するエネルギーに意識を向けましょう。周りの人ではなく、自分の発するエネルギーに注目しましょう。

★あなたが与えたエネルギーが、あなたが受け取るエネルギーです。宇宙は愛のエネルギーで出来ているので、あなたが愛のエネルギーを発すれば、それが循環し、やがてたくさんの幸せを得られるでしょう。

4 エネルギーで会話する波動コミュニケーション！

…言葉に乗せるエネルギーを意識してみよう…

エネルギーはあなたの内側から発せられます。そして、発せられたエネルギーは周囲に伝わり、循環します。

エネルギーはあなたが静かにしていても漂うものですが、意識しながら発すると、より強まります。

だから、まずは言葉に込めるエネルギーを意識してみましょう。

あなたは、毎日どんなエネルギーで「おはよう（ございます）」とあいさつをしていますか？

家族とあいさつするとき、言葉にどんなエネルギーが乗っているでしょうか？

寝起きが悪いからといって、ぶっきらぼうなあいさつになってはいませんか？

職場の人にあいさつするときはどうでしょうか？

笑顔で爽やかにあいさつをしていますか？　それとも、目も合わせずに、たまたますれ違ったからボソッと「おはようございます」と伝えているだけでしょうか？

一日を気持ち良くスタートしてみましょう！

「おはようございます」とあいさつするときに、いつも以上に明るく、爽やかに、笑顔であいさつしてみましょう。愛のエネルギーを込めて、あいさつしてみるのです。

今まで適当にあいさつしていた「おはよう」の一言を、愛のエネルギーを込めた「おはよう」に変えるだけで、あなたも受け取る側も大きく変化していくでしょう。

たったこれだけのことで、気持ちよい一日がスタートでき、さらによいエネルギーが循環していくでしょう。幸せになるには、こんな小さなことから始めればよいのです。それがコツなのです。

愛は与えた分だけ、あなたに返ってきます。

人が冷たいとか、優しくしてくれないと思う前に、あなたから愛のエネルギーを言葉に込めて送ってみましょう。

愛のエネルギーを言葉に込めるのは、メールでもできます！　メールを送る時に、愛のエネルギーを込めて、パートナーや友人、大切な人に送ってみてくださいね。

自分から愛のエネルギーを込めた言葉を発すると、なんとも言えない心地よさを実感できるでしょう。

…波動（エネルギー）コミュニケーションをやってみよう！…

私たち人間は、主に言葉でコミュニケーションします。大人になるにつれて、コミュニケーションのほとんどが言葉で行われるようになります。

そうした中で私がオススメするコミュニケーションがあります。

それは、**波動コミュニケーション**です。

波動コミュニケーションとは、愛のエネルギーでコミュニケーションしていくことです。あなたの内側から愛のエネルギーを発して、相手の体を包みこむようイメージしてコミュニケーションしていくのです。

私がこの波動コミュニケーションを意識するようになったのは、学校教育に携わっている時でした。

私は、約7年間、教員をやってきました。主に特別支援学校に勤め、知的障がいのある子どもたちと過ごしたのですが、その時にこの波動コミュニケーションをやるようになりました。私は特別支援学校で小学部の子どもたちを担当していたのですが、子どもたちの発達段階は、2、3歳くらいでした。そのため、言葉だけのコミュニケーションでは、お互いの思いが十分に伝わらないこともありました。そこで私は、言葉だけのコミュニケーションに頼るのではなく、エネルギーで子どもたちと交流すること、すなわち波動コミュニケーションを思いついたのでした。

私が担当した子どもの一人は、多動で、3秒も椅子に座っていないほど活発で好奇心旺盛な子でした。私は、その子と接する時に、穏やかなエネルギーを自ら発するように意識しました。

ほとんどの大人たちは、子どもに向かって「じっとしなさい」「静かにしなさい」「座ってなさい」というふうに言葉で指示をしたくなるでしょう。心はイライラしていて、そのイライラのエネルギーが子どもにも伝わります。でも私は、**言葉で伝えるかわりに、自ら穏やかなエネルギーを出すようにしたのです。そして、私から放射状に広がる穏やかなエネルギーでその子を包み込むようなイメージで毎日過ごしました。**

すると、次第にその子に変化が起き始めました。

授業中に立ち歩くことが多かったのですが、だんだんと行動が落ち着いてきて、やがて席について45分の授業に参加できるようになったのです。好奇心旺盛な性格は変わりませんが、それまで注意力が散漫だったのに、次第にちゃんと授業の内容に興味を示すようになり、以前よりも集中して参加できるようになっていったのです。

子どもたちはとてもエネルギーに敏感です。子育てをしたことのある方はきっとよくわかると思いますが、大人がイライラしている時は、子どもはそれを敏感に察知しますね。親の機嫌がよいと、子どもたちも嬉しく感じています。

子どもたちは、どの大人が優しくて、自分を受け入れてくれるのか、こちらが何を語らなくとも敏感に感じ取っています。

言葉で言い聞かせるよりも、はるかに効果があります。
それは大人も同じです。大人も他人のご機嫌には敏感ですね。

では、自分のエネルギーに対してはどうでしょうか？

自分のエネルギーを意識している人は、ほとんどいないのではないでしょうか？

だとしたら、もっともっと自ら愛のエネルギーを意識して過ごせば、これまでとは違った変化が起きると思いませんか？


実際に自分が発するエネルギーを意識するようになって、
●パートナーとの関係が改善された
●家族が急に優しくなった
●子育てが楽になった
●毎日自分が心地よく過ごせるようになった
などのご報告もいただいています。

今までうまくいかなかったとしたら、それはエネルギーを意識していなかったからでしょう。あなたのエネルギーは、遠く離れた家族や、大切な人にも伝わっていますよ。エネルギーは距離など関係ありませんから。

あなたが穏やかな愛のエネルギーで過ごすようになると、すべての人間関係が劇的に改善されますし、何よりもあなた自身の心が穏やかで幸せを感じられるようになるでしょう。

work

★毎日のあいさつや日常会話に愛のエネルギーを込めましょう。エネルギーは循環して、まわりまわってあなたの元に幸運となって返ってきますよ。（くれぐれも、与えた相手から直接返してもらおうとは思わないでくださいね！）

★あなたから穏やかな愛のエネルギーを発して、相手とコミュニケーションをとってみましょう。言葉で伝える以上に、愛のエネルギーがスーッと相手に伝わっていきますよ。

chapter 03

自分とつながる

1 自分を愛することが、宇宙とつながる第1条件

…私たち人間は、小宇宙…

ここから、「自分とつながる」をテーマにじっくりとお話していきたいと思います。

宇宙のことを語るとき、見えない世界への好奇心から、多くの人がこんな願望を抱きます。

「見えない世界を見てみたい！」

「宇宙とつながってみたい！」

こんな風に、意識が現実世界ではなく別世界に向きがちになります。

でも、**あなたが求めているものは、現実を離れた別世界ではなく、すべて自分の中にある**のです。

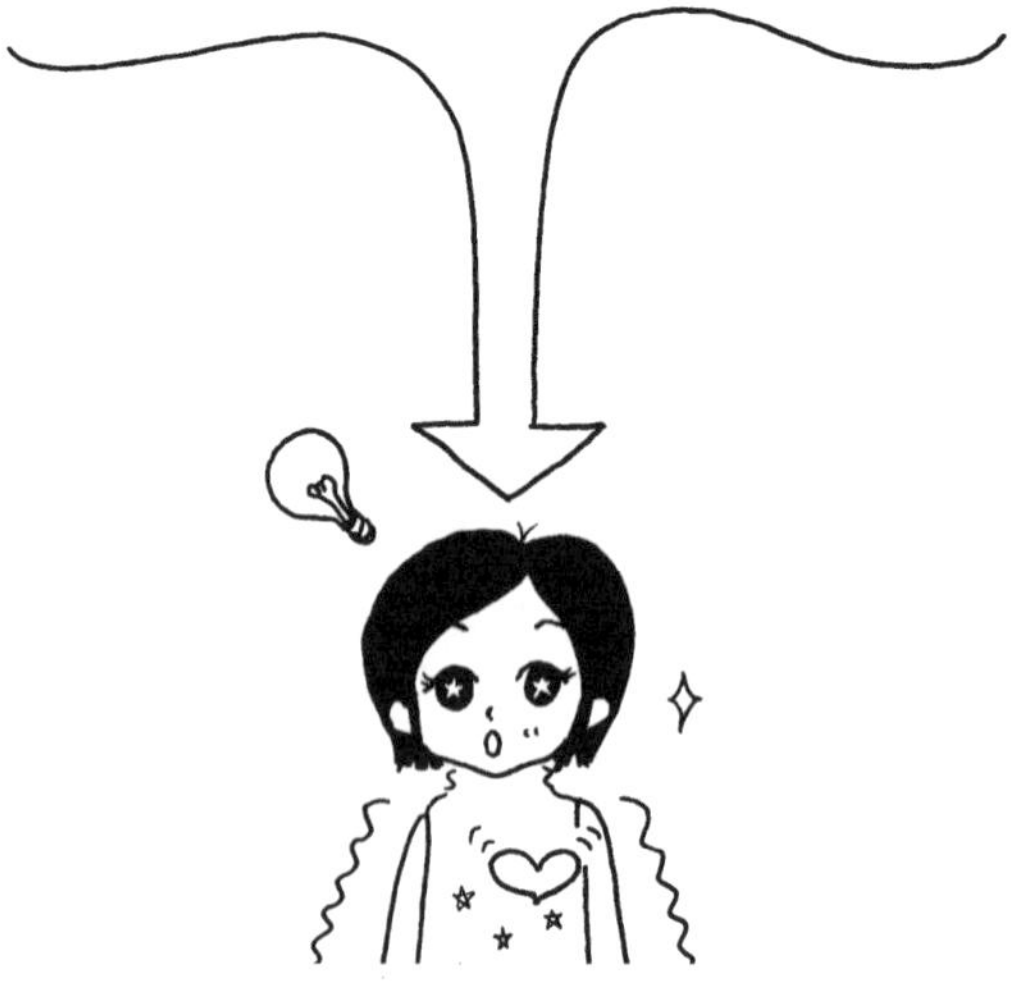

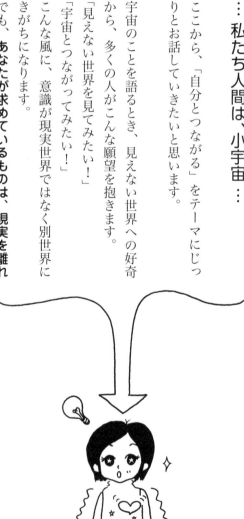

宇宙からのメッセージは、現実に生きているあなたの中に降りてくるのです。だから、**宇宙とつながりたい人は、まず、自分自身とつながりましょう。**なぜならば、自分とつながることが、宇宙とつながる確実な方法だからです。

この大いなる宇宙のことを、「大宇宙」といい、私たち人間を「小宇宙」といいます。ヨガでも、人間を「小宇宙」と表現します。つまり、私たち人間一人ひとりが宇宙なのです。自分が宇宙なわけですから、自分とつながらずして、大いなる宇宙とつながろうと思ってもなかなかうまくはいきません。自分とつながれば、必然的に宇宙とつながることができるのです。だから、**宇宙とつながりたいと思っている人は、まず自分を深く、じっくりと観察していきましょう。**

「人間が小宇宙」という言葉に、リアリティを感じられない人もいるでしょう。

私は、ある時、自分の内側に本当に無限の宇宙が広がっているのだ、と感じたことがありました。それは、自分のイメージの世界を広げていくあるワークをしている時でした。

目を閉じ、頭の中でイメージの世界をどんどん広げている時に、ある瞬間、イメージの世界がうわっと無限に広がり、自分の内側に宇宙空間が存在しているのを体感しました！

そのとき、私は、「ああ、本当に自分の中に宇宙が存在しているのだ」ということを全身で感じたのです。それは、とても感動的な体験で、「人間に生まれてきてよかった！」と感じた瞬間でした。

そんな体験をしたことがなくても、また信じられなくても、まずは「自分が宇宙である」ということを、頭の片隅で覚えておきましょう。

そうすれば、のちのち知識と体験がつながる日がやってきますよ。

…この宇宙は愛でできている。だから自分を愛そう…

自分とつながるためには、自分を愛することが必須条件です。

「自分のことは大嫌い」

「自分を大切にしていない」

そんな状態では、うまく自分や宇宙とつながることができません。

この宇宙は愛でできています。

だから、小宇宙である自分自身も愛してほしいのです。

自分を愛さずして、自分の中に「答え」を見つけ出すことはなかなかできないでしょう。

答えが自分の中に降りてきたとしても、自分を愛していない人は、自分の感覚に自信が持てません。自分の感覚を信頼できない人は、自分軸が持てずにすぐに人に意見を求めたり、人の価値観に翻弄されてしまうでしょう。もっともっと自分を信頼してください。**まずは、この人生でかけがえのない唯一無二の存在である、あなた自身を愛してください。**

私も、昔は「自分大嫌い」な人間でした。

自分を全然大事にしていませんでした。生きていることにまったく喜びが感じられず、死んでもいいやと思っていた時期もありました。ただ呼吸しているだけの日々で、なんとなくただ時間が過ぎていきました。自分を大事にしていない時は、他人からも良い対応を受けませんでした。家族も、私の行動に不信感をいだいているように感じ、毎日生きていることをとても窮屈に感じていました。

そのたびに、私は「みんな周りの人が悪いんだ」と思い込み、自分のことは「どうせ私なんて……」そんな風に思っていました。

でもある時、突然自分の内側からこんな声が聞こえてきたのです。

「私は愛されたい」

その時、ハッとしました。大嫌いな自分を邪険に扱ってきたけど、自分自身は何よりも愛を求めていたこと、**本当は自分のことが大好きだったのだ**と。

一見矛盾しているようですが、本当は大好きだからこそ、関心が高いために大嫌いになっているのだと気づいたのです。

その日から私は、周りの人からの愛を期待するのではなく、「自分で自分を愛そう」と強く決めたのでした。

それは、ちょうど10年前の心霊現象が過ぎ去った頃の出来事でした。決心してからは、私は自他共に認める「自分好き」になりました。

自分を好きになると、180度人生大きく変わりました。

自分の感覚を大切にし、従うだけで、直感をキャッチして行動していけるようになります。そうすると、しっかり自分軸ができるので、人の意見を参考にはしても、それに流されて自分を見失うようなことはなくなったのです。

次第に体調を崩すこともなくなり、いつも元気でいられるようになりました。どんな困難も、受け入れられるようになりました。**自分を大切にしていると、結果的に、周りの人から**

も大切にされるようになりました。何より、毎日が幸せだと感じられるようになったのです。

こうして私は、人生を自分で切り開いていけるようになっていきました。

自分大嫌いだった私ですが、自分を愛そうと決めてから、自分をどんな風に大切にしていったかを、お伝えしていきますね！

work

★自分が大嫌いなのは、本当は自分のことが大好きな証拠です。あなたは心の奥底では、自分を愛したいと思っているのです。

★自分のことが嫌いでも、少しずつ自分を大切にしていってください。自分好きな人は、ますます自分を愛してください。宇宙とつながるとは、自分を愛し、自分を信頼し、自分とつながるということです。

2

自分に対する無条件の愛。それは、自分の感情すべてを受け入れること

…感情は、エネルギー。自分の感情すべてを受け入れよう…

自分を大切にする。自分を愛する。といっても、いろんな方法がありますが、私が一番オススメするのは、**「自分の感情すべてを受け入れる」**という方法です。

感情はエネルギーです。第2章で、あなたの気分次第で言葉に乗せられるエネルギーも違ってくる、とお伝えしました。

ここで一つ試していただきたいことがあります。

「思考」と「感情」を思い浮かべてみてください。

「思考」とは、「○○しよう」などと、頭で考えることです。これに対し「感情」は楽しい、悲しい、怒る、など、心で感じることです。

次に、思考と感情のエネルギーを感じてみてください。

こんなことに気づきませんか？

●思考にはあまりエネルギーが乗っていない
●感情にはパワフルなエネルギーが乗っている

思考は、「こうしたらいいかな」「これをやった方がいいかな」と頭で考えていることですね。頭で考えていることなので、本来の望みでないことが多く、一般論で考えてしまうことも多々あります。すると、あなた本来のエネルギーが乗りにくいのです。

これに対し**感情は、ハートで感じていることです。「嬉しい！」「楽しい！」「悲しい」など、心が揺さぶられること**です。その時、あなたからたくさんのエネルギーが発せられています。「怒り」の感情の場合は、ハートよりお腹で感じているかもしれませんね。「腹が立つ」という言葉のように。でも、これもまたパワフルなエネルギーなのです。

この世界はエネルギーで出来ているので、エネルギーが乗っている「感情」に注目します。頭で考える「思考」よりも、心で感じる「感情」に注目するのです。

そのためには、まずは自分の感情を大切にし、あなたの内側に浮かぶ感情のすべてにきちんと気づき、受け入れていくことです。

とはいえ、人は「心地よい」感情は受け入れやすいものの、「不快」な感情は受け入れにくいものです。つまり、嬉しい、楽しい、幸せ、ワクワクする、心地よい、などの感情はいいけど、怒りや悲しみ、苦しみ、不安は受け入れられない人が多い、ということです。それでも、自分に起きる感情に気づき、すべての感情を受け入れていきましょう。

感情に気づくとは、「今この瞬間に感じている自分の感情」に気づくということです。

例えば、
私は今、怒りを感じた
私は今、悲しくなった
私は今、○○にドキドキした
私は今、ワクワクした

そんな風に、**自分を客観視する感覚を大事にして、自分のハートが感じていることに一つ一つ気づいていく**のです。

ここでのポイントは、一見ネガティブと感じるような感情に気づいた時に、自分を否定しないことです。悲しくなろうが、怒りを感じようが、何でも良いのです。まずは、自分が感じているありのままの感情に気づき、すべてを受け入れていきましょう。

気づいて、否定せず、客観視できれば大丈夫です。感情を抑えようとせず味わっていきましょう。なぜすべての感情を受け入れた方がよいのでしょうか？　これからしっかりと説明していきますね。

…自分に対する無条件の愛…

第2章でもお話ししたように、言葉に良いエネルギーを込めることは大切です。良い気分で、良いエネルギーで過ごせるようになると、あなたの人生はどんどん良くなっていくでしょう。その前段階として、自分の感情すべてを受け入れることの大切さはお話ししましたが、多くの人は、条件付きで自分を見ています。「気分が良い時の自分はいいけど、気分が良くない時の自分はダメだ」、そんな風に感じている人が多いのです。

でも、それでは自分の感情の全てを受け入れたことにはなりません。条件付きでは、本当の意味で自分を愛していることにはなりません。怒りの感情や、悲しみで打ちひしがれそうな感情も、「自分が嫌いな自分」も、「自分を愛せない自分」「あぁ、こんな私もいるんだな」と一旦はあたたかく受け入れてください。

それには、自分がどんな感情を抱いているかを、正しく把握することが大切なのです。たとえ不満でいっぱいだったとしても、それに気づかなくては、現状を変えていけません。時には、自分が感じているありのままの気持ちを無視して、不快感をポジティブ思考にすり替えてしまう人もいます。そして、「もっと前向きになれなければ……」と無理やり思い込むようにして、自分の心を見失ってしまう人もいます。

怒っているあなたも
笑っているあなたも
泣いているあなたも
すべてがあなた自身なのです。
どうか自分を無条件に受け入れて下さい。
あなたはこの地球で唯一の存在です。唯一無二のあなたが感じるすべての感情を大切にしましょう。

work

★自分の感情を客観視し、今何を感じているのかに気づきましょう。
そして、それを否定することなく、すべての感情を受け入れましょう。

★自分の不快感をポジティブにすり替えるのはやめましょう。
ありのままの自分の感情を受け入れてください。それが自分を愛する第一歩です。

3 やりたいことに気づけないのは、感情にフタをしているから

…見たくない感情にフタをすると、ワクワクの感情も閉ざされる…

私が毎朝配信しているメルマガの読者さんや、宇宙セミナーの受講生さんから、こういう相談をよく受けます。

「自分がワクワクする感情が見つけられないのです。どうしたらワクワクが見つけられるようになりますか？」

こうした質問をいただいた時、私はまずは**感情すべてを見る**ようにお伝えしています。

なぜならば、**ワクワクの感情が見つけられない人は、感情自体にフタをしてしまっているからです。**

例えば、昔ひどく傷ついた経験があった場合、それを思い起こしたくないために、傷ついた感情を閉ざしてしまった経験はないでしょうか。こうして感情を見ないふりをしたり、押さえ込んでしまうのです。悲しい感情を十分に感じようとせず、悲しみをなかったことにし

てしまうのです。はらわたが煮え繰り返る思いをグッとおさえこんで、怒りを飲み込んでしまう人もいます。過去の傷ついた経験だけでなく、子ども時代が大きく影響していることも多々あります。子どもの時に「泣くんじゃない！」と泣くことを否定されてきた人は、大切な人が亡くなっても、涙が出てこないことがあります。私もその一人でした。

「怒ってはダメ」と言われて育った人は、笑ってごまかす習性が身についてしまっていますし、喜ぶことを止められてしまった人は、「自分だけ楽しんではいけない。嬉しそうにしてはいけない」と喜ぶことに罪悪感を持ってしまい、喜びの感情も満足に味わえなくなってしまいます。

感情を抑え込むと、悲しみや怒りや喜びが外側に出てこなくなるので、一見よいことのように思いがちですが、結局は体の中に溜め込んでいるのです。細胞は、それらの感情を記憶したままで、いつか解消される日を待っています。

自分にとって不都合な感情は閉じ込めて、ワクワクする感情だけを見たいというのは不可能です。閉じ込められた未浄化な感情を抱えていると、ワクワクする感情を押し殺してしまうからです。

大切なのは、あなたの感情のすべてを見つめること。すべてをありのままに受け入れることなのです。**怒りも悲しみも、地球での大切な経験の一つです。**

無邪気な子どもたちは、涙を出し切ったら、またケロッと忘れて笑って遊べます。

本来、私たちの感情も子どもたちと同じはず。感情を感じることを恐れずに、思いっきり、感じて魂の歓びを味わいましょう。

：感情のフタが開かれた瞬間：

先ほどお話したように、私も20代半ばまでは涙を流せない人でした。身内のお葬式でも素直に泣けないくらい感情を押し殺して生きていました。

ある日、感情を押し殺していた私が、感情のフタを開くきっかけになった衝撃的な出来事が起きました。

きっかけは、ある女性との出会い。彼女は福岡に住む、私より1歳年下で、当時20代後半で5歳の男の子を持つお母さんでした。彼女には〝エリカ嬢〟というニックネームがついていました。華やかなニックネームですが、とても自然体で可愛らしい女性でした。彼女は、小さい頃から「物の声」が聞こえたり、見えないものを感じるような人でした。生まれつき、霊的な能力が高かったのです。

彼女は自分の直感を大切にしていて、ピンと来た時に、ピンと来た人へ会いに行く人でした。そんなある日、5歳の男の子を連れて私のところに会いに来てくれたのでした。

私たちは3人で小旅行に出かけることになり、海に行きました。

5歳の男の子は、遠浅の海辺で遊び、私とエリカ嬢はおしゃべりをしていました。

すると彼女は突然、こんなことを話し始めたのです。

「Ｌｉｌｙさん、もしかして、誰にも言えないような傷ついた過去があるんじゃないですか？　なんだか心に何重ものフタをして、鎖でぐるぐる巻きに縛って、南京錠で鍵をかけているくらい、感情を閉ざしているように見えます」

そして、こう続けました。

「〝幸せ、楽しい〜〟っていつも言ってるけど、なんだかモヤがかかっているように見えますよ。本当は感情がフタを開けたがっているのに、まだまだ頑丈な鎖と鍵がかかっていてなかなかフタが開けられない状態ですね」

確かに、当時の私は、〝幸せ、楽しい〟が口癖でした。でも、本当の本当は、まだまだ幸せを表面的にしか感じていませんでした。

もし、本当に私が幸せを心から感じていたならば、きっと彼女の言葉に動じることはなかったでしょう。でも、実際は、胸が騒いでザワザワが止まりませんでした。あまりにも胸がザワザワとして彼女の言葉に強烈に反応するので、自分が幸せを十分感じきれていないということを認めざるを得ない状況でした。

こうして胸のザワザワが止まらないまま、私はエリカ嬢と旅を続け、観光地の小さな旅館に宿泊しました。夜、和室に布団を敷いて、3人で川の字で寝ましたが、私は半分目が覚めた状態でした。胸のザワザワがおさまらなくて、なかなか寝付けなかったのです。

突然、深夜三時頃、突然こんな声が聞こえてきたのです。

「もうあのことを話すしかないよ！」

「彼女に今話すしかないよ！」

でも、エリカ嬢はぐっすり寝ています。起こして話すわけにもいかないし。そう思っていたら、突然5歳の息子くんが「う〜ん」と起きました。すると、それに気づいたエリカ嬢もむくっと起き上がったのです。彼はその一言だけ発して、すぐにまた眠りにつきました。

「今がチャンスだ！」

私はそう思って、突然心に湧いてきた、昔とても傷ついた話を彼女に話し始めました。

すると、エリカ嬢は「うん、うん」と静かに頷いて聞いてくれました。私の話を受け止めながら、一部始終を穏やかに、否定することもなく、ただ聞いてくれたのです。

話し終えてほっとした私は、彼女に「ありがとう」と伝えて、また私たちは朝まで眠りにつきました。

翌朝、目が覚めた私を見て、エリカ嬢が突然こんなことを言ったのです！

「L・i・l・yさん。昨日までとは全然顔が違いますよ！　キラキラ輝いている！」

そう言われた私は、こう答えました。

「実は、昨日こんな声が聞こえてきたんです。〝今しかない、今話すしかないよ！〟って。」

そう伝えると、彼女はびっくりしたような顔をして、

「それって、ハイヤーセルフさんの声じゃないですか～！」と言いました。

私は、心霊現象を体験してから、「見えない世界」が現実に存在していることを知りました。それからというもの、「見えない世界」に興味が湧き、いつかハイヤーセルフと繋がれたいな～と思っていたのですが、その時の声が、ハイヤーセルフだったと気づき、とても驚いたのでした。しかも、ハイヤーセルフの声は、今までに何度も聞いたことのある声……**なんと、ハイヤーセルフの声は、『自分自身の声』だったんです！**

それもそのはずです。なぜならば、ハイヤーセルフとは、日本語で「**高次元の自己**」という意味だからです。

頭の中には、自分の声が溢れかえっています。その中に、「高次元の自分の声」が密かに混ざっています。その時聞いたのがまさに「高次元の自分の声」、すなわちハイヤーセルフそのものだったのです。そして、この声は、今まで何度も私を勇気づけ、励ましてくれていたことを思い出しました。

私は、ある傷ついた過去のことを、もう傷ついていないことにしていました。見て見ぬ振りをしてフタをしてきたのですが、あの時、思い切ってエリカ嬢に話したことで、それまで閉じていた感情のフタが開き、ハイヤーセルフの声に気づくことができたのでした。その日を境に、ずーっとハイヤーセルフの声が聞き分けられるようになりました。

それと同時に、ワクワクすることもしっかりと見つけられるようになり、本当に幸せだと感じる毎日を過ごせるようになったのでした。

あなたは、ハイヤーセルフの声を聞いたことがありますか？

もし、まだフタをしている過去の感情があるならば、勇気をだして、ぜひともフタを開いてみてください。最初の一歩は勇気がいると思いますが、感情のフタを開けると、もっともっと幸せで、ワクワクに満ちた毎日がやってくるでしょう。

work

★すべての感情をありのままに受け入れましょう。見たくない感情にフタをしても細胞に記憶されてしまいます。無邪気な子どものように、自分の感情を思いっきり感じてみましょう。

★感情のフタを開けると、自分のワクワクが見つけられるようになります。もう傷ついていないことにしてきた、心の傷に気づいたら、その時の感情を感じて、「辛かったね」「頑張ったんだね、私」と当時の自分に優しく話しかけてみましょう。

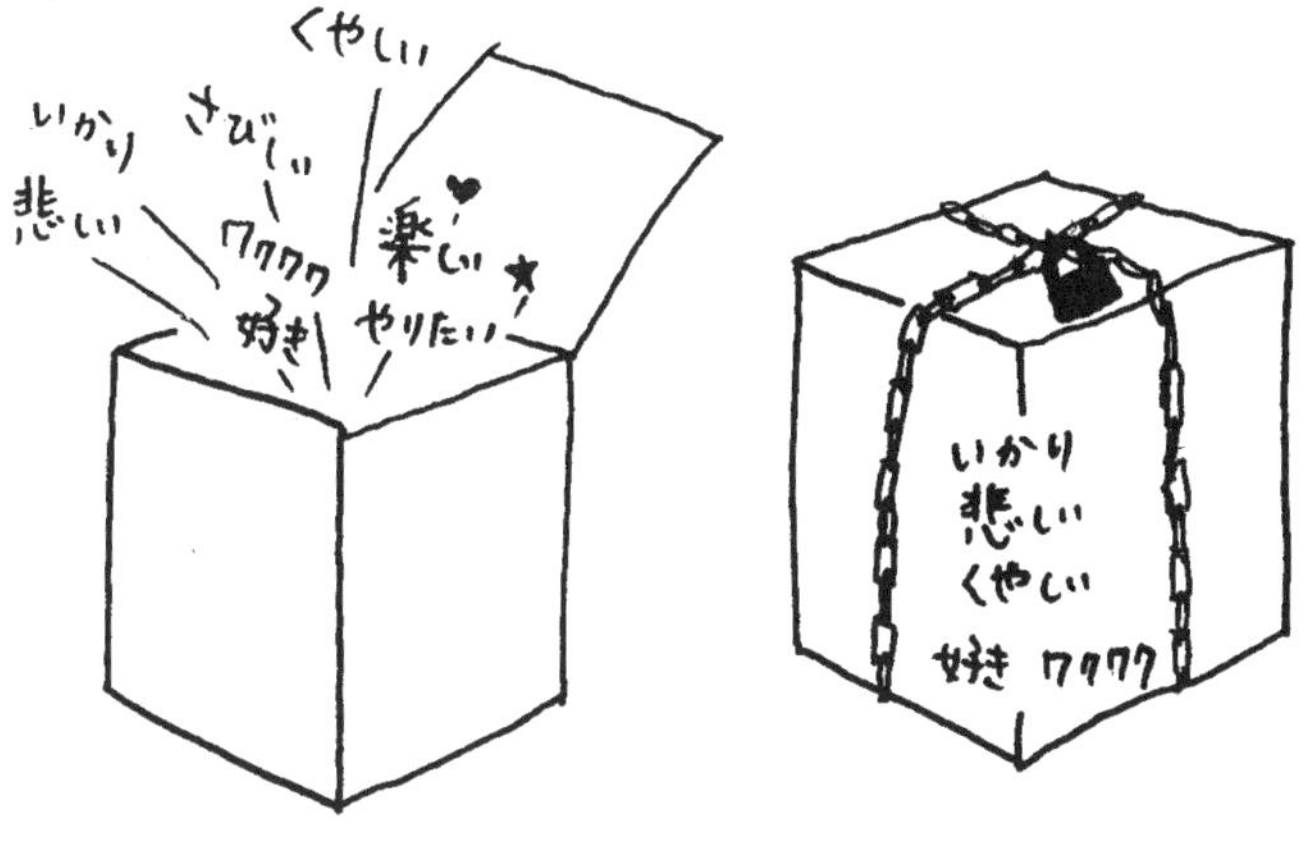

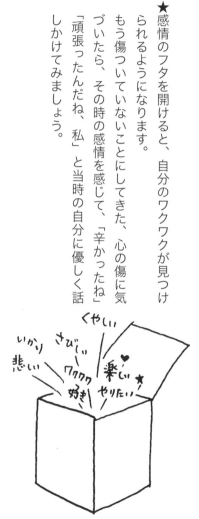

4

すべての感情は味わい尽くすと歓びに変わる

…見たくない感情を見つめる勇気がない人へ…

感情のフタを開けたら、今度は感情を見つめて、それを味わい尽くしましょう。

そうは言っても、それには大変な勇気がいりますね。見たくないからフタをしたのに、そのフタを開くというのは、見たくないものを直視するわけですから。

でも、安心してください。ここでは、そんな不安を打ち消すお話をしたいと思います。

今、特別何も感じていないとしたら、眠っているものを無理やり掘り起こす必要はありません。ただ、**今何かしらザワザワ感、モヤモヤ感を感じていたり、ある人の行動にいつも不快感を感じてしまうなど、ちょっとした感情が沸き起こってきていたら、それは実はチャンスです。**

あなたが感じている感情は、1ミリの狂いもありません。

もしモヤモヤ、ザワザワを感じることがあったら、それは手放すタイミングが来ているのです。だから、モヤモヤザワザワを感じるのです。

今、何か不快な感情があれば、チャンスだと思ってその感情を見つめてみましょう。感じ、味わい尽くしてみるのです。それによって、その感情を手放すことできるようになるからです。

…怒りも悲しみも、味わい尽くすと歓びに変わる…

「怒りも悲しみも、味わい尽くすと歓びに変わる」と聞いて、一見「はてな?」と思われるかもしれないですが、私自身の体験で確信を得ました。そこで感じた感情の変化をお話ししますね。

私は、今でこそいつも前向きで穏やかな感情で過ごしていますが、もともとはジェットコースターのようにアップダウンの激しい感情の持ち主でした。苦しい感情と理不尽な環境をいつも誰かのせいにして生きていて、本心ではとても苦しんでいました。

そんな中、ある日突然、夫がマンションを出て行き、別居という現実が襲いかかってきたのです。一人取り残された部屋で、私ははらわたが煮え繰り返るほどの怒りを感じ、眠れない日々を過ごしていたときに、突然「家中を掃除しなければ!」という思いに駆られました。

もともとお片づけや掃除は苦手で、すぐに散らかしてしまう性格でしたが、なぜか突然、家中を磨き上げたくなったのでした。

夫がいなくなった怒りと、これからどうしたら良いかわからない不安と、恐ろしい心霊現象が続いていたことへの恐怖と、これからの人生なんとか立て直さなければ……という感情が入り混じる中、私はひたすら家を磨き上げようと思ったのです。普段、人前で涙ひとつ流せない私でしたが、この時ばかりは、わんわん大声をあげて泣きました。そして、号泣しながら家中をピッカピカに磨き上げたのです。ひたすら家を掃除し、磨きながら、「人ってこんなにも泣けるんだ！」と驚いてしまうほどわんわん泣き続けました。もし、この涙をすくったら、バケツ何倍分もの量になったんだろう？というくらい泣き続けたのです。それも、毎日毎日、約一ヶ月間もです。

そんなある日、突然ふとこんな声が聞こえてきたのでした。


「自分の幸せは、自分でつくれるよ」

「人生は真っ白いキャンバス。自分の描きたいように描くことができるよ」

「油絵の下地を描くように、人生の基盤を大切にしていけば、あとはいかようにも素敵な人生が描いていけるよ」

これは、今の私の幸せの根底となっている指針ですが、当時その声は、私にとってとても大きな気づきでした。この声が聞こえた時、より一層たくさんの涙が溢れてきました。ですが、それまでとは涙の質が変わっていました。

悔しさと怒りと恐怖の涙ではなく、こんなにも素晴らしい気づきを与えてもらえた歓びと嬉しさと感謝の涙でした。そして、この一ヶ月間、きっと私の体の中の水分がすべて入れ替わってしまったかと思うほど泣きました。こうして、本当に自分自身の気持ちが入れ替わり、たくさんの幸せを自分で築いていくことができるようになったのでした。

感情を味わい尽くすと、こんな素晴らしい気づきを与えてもらえたという、「歓び」に変わるのです。

そして、すべての出来事は、すぐには分からないかもしれませんが、後になって宇宙の愛だと気づく日がきます。気づいたとき、きっとあなた自身は大きく変化しているでしょう。

だからあなたも、今なにかしらの感情が沸き起こっているとしたら、思い切って感じてみましょう。

一つ一つの経験が、あなたへの素晴らしいギフトなのですから。

魂は、感情を味わうためにこの地球に降り立っているのですから。


宇宙は、愛でできています。

すべての感情は、味わい尽くすと「愛」と「歓び」に変わるのです。

work

★今、あなたが感じている感情は、1ミリの狂いもありません。感じたくない感情は、味わい尽くして手放しましょう！　手放す時が来たから、今感じているのです。

★すべての感情は、味わい尽くすと歓びに変わります。魂は、あらゆる体験がしたくてこの地球に降り立っています。味わい尽くすと「愛」を感じられるでしょう。

5

ワクワクを選択することが、最強のセルフヒーリング

…心のブロックがあるから、前に進めないと思っている人へ…

「自分には心理的ブロックがあるから、前に進めない」

そう思い込んでいる人が案外たくさんいます。

幼少期の親子関係が影響して、自己表現をするのがこわい。

親にあまり褒めてもらえなかったから、セルフイメージが低い。

失恋をしたから、次の人と向き合うのがこわい。

こうした出来事が重くのしかかり、それが心理的ブロックになっていることが多いのです。

過去にどんな事があったにせよ、心理的ブロックを感じている時には、昔の自分にこう声をかけましょう。

「辛かったね。もう大丈夫だよ」と。

実は、心理的ブロックを抱えた心を本当の意味で癒すのは、あなたが実際に「ワクワク」

を行動に移すことです。

はっきりと言いましょう。

ブロックが外れないから前に進めないのではなく、前に進むからブロックが外れるのです。


心のブロックがあるから、前に進めないと思っている人の多くは、進まなくていい〝理由探し〟をしているように見えます。


例えば……

お金にブロックがあるから、独立してやっていく自信がない。

子供時代に傷ついたから、自己表現できない。

資格の勉強をするためのお金がないから、講座が受けられない。

人に何か言われるのが嫌だから、やりたいことができない。


〝理由探し〟をして進まないのは、その方がドキドキハラハラすることなく、安心安全だと感じるからでしょう。変わらない選択をしているのです。ですが、それでは「心ときめく毎日」とはならず、なんとも言えない物足りなさを感じているかもしれませんね。

ブロック外しに一生懸命になったとしても、幸せにはなれません。

あなたが幸せになるのは、ワクワクすることを行動し始めた時です。

生きている以上、心のブロックがまったくのゼロになることはありません。

葛藤を抱えながら成長していくのが人間ですから、ゼロにはならないのです。


それを分かった上で、ブロックと向き合うとよいでしょう。

たとえ目の前にどんなに大きくて固いブロックがあったとしても、ワクワクしてやりたいと感じることがあれば、思い切って行動を起こすでしょう。

それはとてもパワフルな生き方なのです。

…ワクワクを行動することで、自分を癒そう…

思い切って、実際にワクワクを行動に移してみましょう。

ワクワクに沿って生きることで、あなたの心と魂が喜びを感じるでしょう。

充実感も全く違うはずです。

人は、ゆったりとした豊かな生活を送れば心と魂が満たされる、というわけでもありません。**ドキドキハラハラでチャレンジングな日々だけれども、魂が本当に望んでいることを行動に移せば、生きている喜びと幸せを感じられるのです。**

ワクワクを実際に行動に移すことが、最強のセルフヒーリングです。

ヒーリングで誰かに心を癒してもらうよりも、ワクワクすることを実際に行動に移す方が遥かに心は癒され、エネルギーで満たされていくでしょう。

何より、自分で自分を癒すことができるのですから。

このセミナーに出たら、自分が変われるかな？

このセッションを受けたら、前に進めるかな？

と、いろんなセミナーやセッションを受けて回っているセミナー難民の人がいますが、その人たちが実際に変わるのは、セミナーやセッションを受けた時ではなく、勇気を持ってやりたいことの第一歩を踏み出した時です。

私は絵を描くのが好きでしたが、いつしか心にブロックを抱えてしまいました。そして、絵を描くためにいろんなブロック外しを試してみたのです。ある呼吸法を使った感情を解放するワークや、夢が叶うという本のワークを毎日試したりしました。

あるヒーリングを学んで、過去の自分を癒そうともしました。ですが、ある時、「○○をしたら絵が描けるようになるかも」と思って何かをするのはやめて、実際に絵を描いた方が早いんじゃないかとふと気づいたのです。最初の一歩を踏み出すのはとてもこわかったのですが、思い切ってチャレンジしてみたら、あっさりとブロックは外れてしまいました。

「案ずるより産むが易し」というけれども、「ブロックは、外すよりも突き破っていった方がいい！」と、この時確信しました。

ブロックがあるからダメだ！ではなく、ブロックがあっても進んでいくのです。そうすればブロックは外れていきます。

だから、どうぞ構わず進んでいってください。

あなたのワクワクの行動こそが、最強のセルフヒーリングなのですから。

work

★あなたが行動しなくとも、時は流れていきます。ブロックを外すよりも、行動してブロックを突き破っていきましょう。それが最強のセルフヒーリングとなります。

★感情と向き合った後は、ワクワクにフォーカスしていきましょう。人は、ワクワクすることなくして、人生に充実感を感じることはできないでしょう。魂が喜ぶ道を、今すぐ歩み始めましょう。

chapter 04

人生のミッションにたどり着くために

1 感情が人生の道しるべ

…宇宙は、人間の体を「自分の進むべき方向性にワクワクする」ように創った…

第3章では、自分の感情すべてを受け入れることについてお話してきました。
なぜ、感情のすべてを受け入れることが大切なのかが、ここではっきりとわかるでしょう。

宇宙は、私たち人間の体を、「自分が進むべき方向性のものと出逢うと、ワクワクする」ように創りました。つまり、あなたがワクワクすることをただ素直に行動に移していけば、あなたが進むべき道にたどり着くのです。

自分は何をして生きていけばよいのか？
こっちの道であっているのだろうか？
自分のミッションとは何なんだろうか？

こんな風に、人生の行き先に迷う時、私たちは苦しくて苦しくてたまりません。先が見えなくて不安で仕方ないでしょう。

でも、本当は、あなたの行き先を照らしてくれる道しるべはいつもあなたの中にあるのです。それが、**「あなたの感情」**です。あなたの感情が、ワクワクすることを選択していけば、あなたの人生はより望む方へ進んでいくしくみになっています。

ワクワクするものは人それぞれ違います。

人前で話すことが好きな人もいれば、物作りが好きな人もいます。高級車に乗るのが好きな人もいれば、田舎の自然の中で暮らすのが好きな人もいます。

このように、ワクワクすることはみんな違うのです。

あなたの人生に必要だからワクワクするのです。

だから、あなたがワクワクすることを見つけていきましょう。その際には、ピンポイントで探すことです。

例えば、単純に「物作りが好き」というのではなく、絵を描くのが好きなのか、ビーズアクセサリーを作るのが好きなのか、家のＤＩＹが好きなのか、という風に、焦点を絞るのです。

絵を描くといっても、油絵なのか、水彩なのか、パステルなのか？　さらには、人物画が好きなのか、風景が好きなのか、抽象画が好きなのか？　何を表現したいのか？

どれかに固定させる必要はありませんが、自分が何にワクワクするのかをピンポイントで探し、それを突き詰めてみましょう。そうすると、あなたのオリジナルのキラリと光る個性が見つかるでしょう。

ワクワクすることを選択すると、それだけでも楽しく幸せな毎日になりますが、宇宙が「そっちだよ」と教えてくれている大切なサインでもあるのです。

あなたの人生の進むべき方向性を「ワクワクの感情」が照らしてくれているのです。

…感情すべてを見極めて、ワクワクを選択しよう！…

第3章で、「ワクワクの感情」を見つけるには、感情すべてを一旦受け止めるということが大切だとお伝えしました。

なぜなら、自分が進むべき道を正しく見極めるために必要なことだからです。

ワクワクすることが、あなたの歩むべき道なのに、もしあなたがあまり興味のないことを「頑張らなきゃ」と自分にムチ打って必死に頑張っていたとしたら、それはワクワクとは真逆の道を歩んでいることになりますね。

そういうことはよくあります。ワクワクすることは別にあるのだけれど、それをやる勇気もないし、自信もない。それをやった後にどうなっていくのかが心配で、素直にワクワクの感情の赴くままに進むことができないのです。

「本当は別のことがやりたいんだ」と感じていても、その感情を無視して、ポジティブ思考で自分の思いをすり替えていたとしたら、宇宙が示している道とは違う方向に進んでしまいますね。だから、嫌なら嫌で、その感情を素直に受け入れる必要があるのです。

自分の中に湧いた感情をすべてありのままに受け入れないと、あなたが進むべき道を歩むことができず、魂が望んでいない方に進んでしまいます。

時には、「こっちじゃないよ」と知らせるために、アクシデントのような出来事が起きることもあります。それも、すべて宇宙の愛です。決してあなたを怖がらせているわけではありません。

例えば、突然仕事を失ったり、パートナーと別れたり、別の土地に引っ越すことになったりすることがあります。それは、宇宙からのサインで、宇宙はあなたの魂が本来望んでいる道を歩めるよう、アレンジしてくれているのです。

あなたがワクワクすることを選択し、行動していくことが、人生のミッションにたどり着く最短ルートです。

一見遠回りしているように見えるかもしれませんが、どうか自分のワクワクを信頼して進んでいってくださいね。

work

★あなたが進むべき道は、「ワクワクの感情」によって照らされています。だから、ワクワクする方へ素直に歩んでいきましょう。

★あなたが感じている感情をありのまま受け入れた上で、ワクワクを選択しましょう。決して感情を思考ですり替えてしまうのではなく、感情が指し示している方へ進んでいきましょう。

2 ワクワクとドキドキは、宇宙からのエネルギー反応

…「こわい」はGOサイン！…

「ワクワクする感情」はＧＯサイン！　あなたが進むべき道を照らしています。

ワクワクしたら、それを選択し、行動する。何らかの違和感があったり、ワクワクしないものは選択しなくてよい。宇宙はとてもシンプルにできていますね。

ここでとっても大事なお話をします！

それは、「ワクワク」以上にとっても大事な感情についてです。

それを知っていないと、あなたはうっかりして進むべき道を誤ってしまうかもしれません。

それほど大切な感情なのです。

さて、それは一体どんな感情でしょうか？

その感情とは……「こわい」です。

このように言うと、こんな声が聞こえてきそうです。

「え?『ワクワク』だけでなく、『こわい』ことも選択するんですか?」と。実際、キョトンとした顔でこう質問されることがよくあります。

その時、私は確信を持ってこう答えています。

「はい!**『こわい』はGOサインです。**こわいも選択してください」と。

この場合の『こわい』というのは、『ホラー』のこわいとは違いますよ。お化けや幽霊の話ではなく、あなたが何かをするこ

とに対して感じる「こわさ」のことです。何かをする時に、こわくてこわくてたまらない、と感じることです。

このように言っても、ちょっとイメージがつかみにくいかもしれませんね。そこで、私のケースでお話しします。

かつての私にとってこわかったこと。それは、「人前で話すこと」でした。

今でこそ全国各地でセミナーを開催していますが、以前の私は「人前で話すこと」を想像しただけで、こわくてこわくてたまらなかったのです。

では、なぜこの「こわい」がGOサインなのか、詳しく説明しますね。

その前にあなたに質問です。

「好き」の反対は何でしょうか?

嫌い?

……では、ないのです。よく考えてみましょう。

「好き」の反対は……実は、「無関心」なのです。

では、「こわい」はどうでしょうか？

「こわい」という状態は、関心がある状態ですね！　しかも、めちゃくちゃ関心のあることではないでしょうか？

関心が強いからこそ「こわい」と感じるのです。

「それが起きたらどうしよう！」と、勝手に想像してしまうほど、「こわい！」と感じることってありませんか？

私は、かつて人前で話すことがこわくてこわくてたまりませんでした。元教員なのに、何を言ってるんだろう？と思われるかもしれませんが、小さい頃から人前で話すのがこわくて仕方がなかったんです。わずか3〜4人くらいの人の前でも、ドキドキして話すのが怖くてたまならいくらいのあがり症だったんです。

教員時代も、職員会議で話さなければならないとなると、1週間以上も前から緊張して眠れないくらいでした。

そんな私でしたが、なぜか、いつも何百人もの前でマイクを持って話している場面が頭の中に浮かんでくるのです。その映像が見えるたびにドキドキドキドキしていました。

こんな風に、まだ起きてもいないのに、勝手に想像して、勝手に怖がっていることはありませんか？

あなたが今、「こわい」と思っていることはどんなことでしょうか？

一日、本を置いて、考えてみてください。


どうでしょうか？　見つかりましたか？


実は、そのこわいことはGOサインです！

なので、避けずに、ぜひとも選択して行動してみてください。

…宇宙からのエネルギー反応…

「ワクワクすること」、「こわいこと」それは、宇宙からのエネルギー反応です。

好きなことは、ワクワクしますね。こわいことは、ドキドキする。

あなたの人生に必要だから、ワクワクドキドキするのです。

私が見た宇宙の映像では、一人一人に青い光が降りてきて、その宇宙のエネルギーによって私たちは1ミリの狂いもなく動かされていました。

感情は、宇宙からの青い光によるエネルギー反応なのです。

もし、あなたの人生に必要なければ、ワクワクもドキドキもしません。ピンとくることもないでしょう。つまり、「無関心」な状態ですね。

こわいと感じているのは、強烈なエネルギー反応ですね。

人によっては雷が落ちたような衝撃を感じたり、ビビビッと感じたりしますし、ご縁のある人や物が光って見えることもあります。

私も実際、教員になり、結婚生活がスタートした頃、どうしても絵が描きたくなりました。そして、油絵と出逢い、雷が落ちたような衝撃が走って、仕事を辞めてしまいました。「私の居場所はここだ！」という強い感覚があったのです。あのような強い感覚は、後にも先にもありません。

あなたが何かを強引に好きになろうと思っても、好きになれるものではありません。ビビビッと感じようと意図しても、できるものでもありません。その感覚は、ある日突然やってくるのです。

あなたにも、もうやってきているかもしれませんね。

それは、宇宙が「こっちだよ」と強く指し示してくれているのです。

そして、強い感覚だけでなく、小さな感覚も大事にしましょう。

日常の中で、いつも小さなエネルギー反応が起きているのです。その感覚をぜひとも研ぎ澄ませていきましょう。

work

★あなたがやりたいことをやりましょう！　あなたの人生です。悔いのない選択をしましょう。

★「こわい」はGOサイン！　あなたが勝手に想像して、勝手にこわがっていることは何でしょう？　それを思い切って選択しましょう。宇宙があなたにサインを送っているのです。

「〇〇をやろう!」
これをやったらいいよ
ワクワク
ドキドキ
やりたくなーい!!
ビリビリ

3 「こわい」という感情の奥に隠された本当の想いとは

…自分の中に広がる無限の可能性こそ「こわい」…

「こわい」という感情の奥には、隠された「本当の想い」があります。それは、「こわいし、やりたくない……けど、本当はやってみたい」そんな想いです。

セミナーの中で、受講生さん同士でこわいことをシェアする時間を設けています。皆さんいざ、こわいことを話し始めると、不思議なくらい笑顔になるんです。

こわいことなのに、話していくうちに盛り上がってきて、だんだん声も大きくなり、笑顔で話が止まらなくなります。「それでは一旦話をやめてください」と大きな声で呼びかけても、話が止まらないこともしばしばです。こちらの声が全く聞こえていないくらい盛り上がっているので、ピーッと笛でも吹こうかなと思うほどです（笑）

皆さん本当は、そのこわいことをやりたくてやりたくて仕方ないのです。つい笑顔で夢中になって話してしまうほど、とっても興味や関心があることなのです。頭ではこわいと思っているけど、魂は、それをやることを望んでいます。そして、宇宙も、あなたが行動し始めることを待ち望んでいるのです！

あなたがとってもこわいと感じること、そこには、あなたの無限の可能性が眠っています。

あの宇宙空間を思い描いてみてください。どこまでも広がる無限の宇宙空間を想像した時、なんだかゾクゾクッとしてこわく感じませんか？　どこまでも果てしなく続く広がりがあるのでドキドキこわくなるのです。その感覚にとてもよく似ています。

自分にとってすぐにでもやれそうなことには、素直に「ワクワク」の感情が湧いてきますが、あまりにも強烈に変化が起きそうなことは「こわい」と感じます。そこに眠る自分の未知なる可能性にチャレンジしていくわけですから。

宇宙もあなたの魂もそれを望んでいます。だから、より大きく成長していきたい人は、ぜひともこわいことを選んでどんどん挑戦していきましょう！

あなたの未知なる可能性と出会うには、こわいことは避けて通れません。

今は先のことがはっきりとは見えませんが、最高のアドベンチャーが待っています。

あなたの人生の主人公は、あなた自身です。

主人公が、自分の可能性を見て見ぬ振りをして安心安全の中で過ごす物語と、自分の可能性を信じて突き進んでいく物語、あなたはどちらの物語を選択しますか？


…「こわい」を行動すると、最高のワクワクに変わる！…


「こわい」ことを選択すると、どうなるんだろう？と思いますよね。

今は、失敗するかもしれないという恐ればかりが浮かんでいるかもしれませんね。

でも、安心してください。

「こわい」を選択し行動すると、最高のワクワクに変わっていくのです。

先ほどもお話しましたが、人前で話すことの他に、実は、もう一つこわくてたまらないことがありました。それは、「宇宙のこと」をSNSで発信することでした。SNSは、自分の友人関係だけでなく、親戚ともつながっていました。そこで突然宇宙などと語り始めた日には、どんな風に思われるだろう……と不安だったのです。でも、私は「こわいはGOサイン」だということを知っていたので、思い切って発信し始めました。

最初はどんな風に思われるだろう?と不安でしたが、そんな心配はよそに、親戚は今や私のメルマガまで愛読してくれていますし、友人たちもとても好意的に受け止めて、私を応援してくれています。

いざ一歩を踏み出すまではこわくて仕方ないかもしれませんが、実際に行動し始めると、宇宙からの応援がたくさん来るようになります。

宇宙は、本来、私に宇宙のことを語らせたくて「ドキドキこわい」という感情を与えていたのです。だから、そのサインを受け取って進んでいくうちに、ますます宇宙とのつながりが深まって、たくさんの応援が来るようになったのです。

そして、私は突き動かされるように全国で宇宙セミナーを開催していきました。

山口、東京をはじめとして、そこから北海道、埼玉、名古屋、京都、大阪、広島、福岡、宮崎、沖縄へと広がり、気がつくと全国を回っていました。たった半年の間に、これだけの場所を回っていたのです。しかも、知人が数人しかいないような土地でも、セミナーが満席となることもありました。もちろん、各地のみなさんのおかげなのですが、もはや見えない力が働いているとしか思えませんでした。

「人前で話すこと」と「宇宙のことを話すこと」は、こわくてこわくて仕方がなかったことですが、選択して突き進んでいった今、「こわい」は「最高のワクワク」に変わるということを確信しました。

今、あなたはこわくて何かに躊躇しているかもしれません。

もしそうであるなら、考えて欲しいのです。私たちのこの地球での一生は、いつか終わりがやってきます。その終わりに向かって年を重ねていきます。でも、もしこわいことを行動に移すならば、「今この瞬間」が人生で一番若いのです。

「それでもやっぱり……」と躊躇するようなら、こう考えてはどうでしょうか？

「自分にとってはこわくて仕方がないことだけれど、誰かがそれを待ち望んでいるかも」と。
そんな風に考えたら、それに向かって動かない人生はもったいないような気になりませんか?

「Lilyさんは、直感に従って行動して、後悔したことありますか?」と受講生さんに聞かれたことがあります。

私のこれまでを振り返ってみて、直感に従って行動したことで、後悔していることは何一つありませんでした。その反対に、行動できずに後悔していることはあります。

でも今は、それも後悔しない人生を歩むための「後悔の経験」だったのだと感じています。
そう思えるのも、今は後悔のない選択をどんどんしていっているからです。

ぜひあなたも「こわい」を選択して、行動し、それが「最高のワクワク」に変わっていく体験をしてみてください。きっとやみつきになります。

魂は、これ以上ないワクワク感にひたり、毎日が本当に充実してくるでしょう。

…行動して検証。そして、感覚を記憶する…

「ワクワク」すること、「こわい」ことを行動したいけど、自分の感覚が本当に正しいのだろうか？と不安になることは多いでしょう。でも、こればっかりは、実際に行動に移してみない限り、正しいかどうかはわかりません。

だから、実際に行動して検証してみましょう。

もし、素晴らしい直感やワクワク感も、または「こわい」という感覚があっても、あなたがそれを行動に移さない限り、本当にそれがあっていたのかどうかを知ることができません。

この地球では、肉体を持って行動して、初めて結果が得られるのです。ですので、想いだけでとどまらず、どうか行動してみてください。そして、自分の感覚が正しかったどうか検証してみてください。

私は、自分の直感に従って行動して、外れたということがありません。その反対に、直感を感じていたのに行動できず後悔したという経験は、過去に何度かあります。

直感が外れていたらどうしよう……。そう思ってリスクを恐れ、一歩が踏み出せない人が多いのですが、私から見ると、貴重な地球での時間は刻一刻と減っているのに、悩んでいつまでも行動を起こせない方がリスクだと感じるのです。


行動してみると、直感がほぼ正しいということがわかります。

やはり正しかったと感じたら、ぜひ、その直感を感じたときのことを思い出してほしいのです。

どんな感覚でその直感や、ワクワクがやってきたのか？

それを思い出してほしいのです。自分には直感など降りたことがないと思い込んでいる人が多いのですが、実際は、すべての人にワクワクや直感はやってきています。


ここで大事なのは、無意識の意識化です。

自分がどんな感覚をキャッチしたのかを思い出し、記憶しましょう。

体が熱くなったり、ゾクゾクっと鳥肌を感じたことはありませんか？

心が無性にワクワクしたり、「これだ！」という確信のような感覚を得たことはありませ

んか？

もし、そうした経験があったら、それを思い出し、記憶しましょう。

その時の体の感覚、心の感覚、自分の内側の感覚を鮮明に思い出すのです。

それが、宇宙からのサインの受け取り方なのです。この感覚は人それぞれ違います。あなたにどんな感覚が来るのかを知るのが重要なのです。

行動して、検証。そして、感覚を記憶する。

こうすることで、次から似たような感覚が起きた時に、それを行動に移す前から、これは宇宙からのＧＯサインだと確信を持てるようになるでしょう！

work

★「こわい」の奥に隠された想いは、「本当はやりたい」という想い。
あなたの未知なる可能性が眠っているものこそ、こわいと感じるのです。

★「こわい」は、行動すると「最高のワクワク」に変わります。だから恐れずに
それを選んで進んでいってください。魂が震えるほどの喜びを感じるでしょう。

★「ワクワク」、「直感」、「こわい」が起きたら、行動し、検証しましょう。
あなたの感覚が正しかったとわかったら、その受け取った時の感覚を記憶しておく
と、次回はもっと確信を持って行動できるでしょう。

4 ワクワクの点と点を結んだ先に

…未来のワクワクを探すよりも大事なのが、この瞬間のワクワク探し…

「ワクワクすることを探しましょう！」と伝えると、ほとんどの人が、「大きくて一生続くようなワクワク」を探そうとします。確かにそれも大事なことなのですが、そうした大きなワクワク探しをしている人は、ついこんなふうに考えがちです。


「これで収入になるの？」

「三日坊主にならないかな？」

「とりあえず資格を取ったほうがいいかな？」


こんな具合に、**素直にワクワクを楽しめず、ワクワクを「頭」で考えようとしはじめます。**

でも、ワクワクは「ハート」で感じるものですね。

私がオススメしているのは、「今この瞬間」のワクワクにフォーカスすること。

未来までこのワクワクが続くかどうかなんて、考える必要はありません。

考えるよりも、今あなたが感じているそのままに行動してほしいのです。

今ピンとくること、今やりたいこと、今ワクワクすることは、そんなに大きなことではなくてかまいません。小さなワクワクを積み重ねていくことがどれだけ大切かを実感してほしいのです。


今この瞬間が幸せであれば、先の不安などなくなってしまうということを体感してほしいのです。


今この瞬間にワクワクすることが本屋さんに行くことだとしたら、早速行きましょう！

友達とカフェに行くことなら、友達に声をかけてみるのもいいし、なんだか急に旅に出たくなったと思ったら、弾丸で小旅行に行くのも良いでしょう。


今、ピンときたこと、ワクワクすることが、将来何の役に立つかなんて、考える必要はありません。ピンときて行動した時に、突然素敵な出逢いがあるかもしれませんし、思いがけ

ず欲しかったものが手に入るかもしれません。

ですから、まずは大きなワクワクよりも、日々の小さなワクワクを大切にしましょう。

幸せな人、成功している人は、決して日常の小さなワクワクを軽んじたりはしません。小さな感覚一つ、逃さないでしょう！　それだけ自分の内側をよく見つめているのです。

どこか特別な場所や特別なイベントに行かなくても、当たり前の日常に幸せを見出すことが大切です。

今ここにいるだけで、ワクワク幸せを感じられるって素敵だと思いませんか？

どんな小さなワクワクもキャッチして行動している人が、自分との信頼関係を築けるようになります。自分を信頼できるようになると、ますます幸せを感じ、もっともっと自分とのつながりが深くなり、宇宙ともいつでも簡単につながれるようになります。

未来のワクワク探しの前に、まずは、今この瞬間のワクワクをきちんと感じて行動に移していきましょう。やがてずーっと続く大きなワクワクに出会えるでしょう。

宇宙は、あなたにいつもエネルギーを送っています。

私が見た、あの青い光のように、いつもエネルギーを送ってくれています。そして、瞬間瞬間にワクワクするよう、常にサインを送ってくれているのです。そのサインを受け取るのも、「今この瞬間」です。

…ワクワクには、いろんな種類がある…

「ワクワクすることを探しましょう」と伝えると、胸がドキドキワクワクするような高揚感たっぷりのワクワクを思い浮かべる人が多いようです。

ワクワクにはいろんな種類があります。

大きなワクワクもあれば、小さなワクワクもあります。胸が高まるようなワクワクもあれば、静かにじっくりとわいてくるようなワクワクもあります。

私は、自分の内側に深くコミットするような感覚で、静かなワクワクがやってくることがあります。

心の中に静けさが訪れて、迷いのない感覚です。

この、静かなワクワクがやってきた時は、私の中で腹が据わっていて、絶対にこれだという根拠のない確信のような感覚がやってきます。私にとって、この小さなワクワクは「キャ〜！　ワクワクする♪」といった高揚感よりも、静かに長続きのするような感じをもたらします。

宇宙とつながったとき、静けさを感じることがありますが、その感覚に近いのです。

いろいろな方にワクワクの感覚をたずねたことがあります。すると、こんな答えが返ってきました。

・やりたくて仕方がない感じ
・体が熱くなる感じ
・エネルギーに溢れている感じ
・迷いなく行動している感じ

こんなふうに、人によっていろんな感覚がありました。

だから、自分にとっての感じ方でいいので、ワクワクを感じてみてくださいね。

大きな高揚感のあるワクワク以外にも、いろんなワクワクがあります。静けさの訪れるワクワクは、ワクワクという感じがしないかもしれませんね。でも「今この瞬間」の自分の内側にしっかりとフォーカスしていると、気づけますよ。

…毎瞬のワクワクの点と点を線で結ぶと人生のミッションにたどり着く！…

「今この瞬間」のワクワクをキャッチして、行動に移しましょう。


ハーブティー飲みたいな〜。

新しくできた雑貨屋さんに行ってみよう。

あの公園に行ってみたいな。

温泉に行って癒されよう。

気になる友達にメールしてみよう。

まずは、こうした小さなことでいいので、ワクワクを実行してみましょう。

私は、この毎瞬の小さなワクワクを行動していたら、ミッションへと導かれるようにして道が開けていきました。

小さなワクワクを実行していたある時、私はふと、インドに行きたくなりました。なんだかインドが気になり、行きたくて仕方がない、という感覚になったのです。そして、行きたくて仕方がない感覚のあとに、絶対に行こうという強く静かな感覚がやってきました。すると、偶然、インドに行くという友人が現れたのです。まだ数回しか会ったことのない女性でしたが、とても素敵な女性でしたので、私はピンときて、「よし！　彼女についてインドに一緒に行こう！」と思ったのです。彼女に詳しく話を聞くと、どうやらインドの聖者に会いに行く修行の旅をするとのことでした。私はよくわからないけれども一緒についていってよいかと尋ね、彼女の了承を得て同行させてもらうことにしました。

インドでは、10日間、早朝から夜の9時まで缶詰状態で、講義や瞑想などの修行を経験しました。最初の二日間は、講義に集中したいのに講義をほとんど聞いていられないほどの睡魔に襲われました。エネルギーが高く、起きていられなかったのです。そして、不思議な体験をたくさんしました。普段よりも自分の内側の声がはっきりと聞こえたり、瞑想中に自分のお腹のあたりから一瞬煙が出ていくのが見えたりしました。そして、講義自体は、私が見た宇宙の映像、宇宙のしくみを言語化してもらったような内容で、すべてが腑に落ちていきました。

インドで共に修行した仲間の一人に、日本で有名なフォトグラファーがいました。彼に修行の合間に写真を撮ってもらったのですが、その写真を見てびっくりしました。すっぴんだったにもかかわらず、あまりにも素敵に撮れていたからです。このことがきっかけで、その後、彼のもとで写真を学ぶことになり、今では宇宙セミナーと同様に、写真撮影をしながら全国を回っています。このインド行きがなかったなら、私はフォトグラファーにはなっていなかったのです（ちなみに、この本のプロフィール写真も撮影してもらいました）。

この経験を振り返ってみると、最初は本当に小さな小さな日常のワクワクをキャッチして行動することから始まりました。それから徐々に、感覚が鋭くなり、やがて自分の感覚に信頼がおけるようになっていきました。ちょうどその頃にピンときたのです。「インドに行こう！」と。

どうしてインドに行くのか？

インドに行って何になるのか？

そんなことは何一つわかっていませんでした。ただただ、ピンときたから行っただけでした。その当時、学校で働いていましたが、ありがたいことに、運良く2週間も休みをいただくことができました。そして、理由もなく惹かれていったインドに、日本で有名なフォトグラファーがいて、私はカメラへの道を歩み始めたのでした。

もともと絵を描くのが大好きだった私は、カメラにもどんどんとのめり込んで行きました。作品作りに時間がかかる絵に対し、一瞬で作品が出来上がっていくカメラに大きな魅力を感じたのです。そして、ワクワク学んでいるうちに、気付いたら写真撮影を依頼されるようになっていたのでした。今では海外でも撮影を行っています。

その先に何があるのかもわからないようなワクワクに、実は大きな意味があるのです。なぜなら、宇宙はあなたに必要だから、そのワクワク感を与えているのです。そして、頭では測れないところに、ミッションが隠されているのです。

私たち人間が頭で考えられる範囲はほんのわずかです。だからこそ、宇宙に委ねて、毎瞬のワクワクをたどっていってほしいのです。

何も考えなくても、ピンときたことに意味があります。あなたの人生に不必要なものには関心が向きません。関心が起きたということは、それ自体に意味があるのです。

それを信じて行動に移してみてください。

このワクワクの点と点をつないでいくと線になり、やがてあなたオリジナルの道が出来上がります！

私の場合、絵を描いていたこと、教員としての経験、不思議な宇宙体験、インドでの修行、カメラ……。これら1つ1つは点にすぎませんが、やがてすべてがつながって線となっていたのです。

インドに行っていなければ、私はきっと宇宙セミナーはやっていなかったでしょうし、フォトグラファーにもなっていなかったでしょう。そしてまた、教員時代に障がいのある子どもたちと過ごしたことが、貴重な経験となっています。

ワクワクを選択する時はいつも、「どれがどうつながっている」とか「この先、どうつながっていくのか」なんてことは何一つわかっていませんでした。

ただただワクワクすることをやってきて、ふと振り返った時に、それらはただの点ではなく、すべてつながっていることに気づきました。そして、自分の歩んできた過程が一つの道として見えたのでした。

ワクワクがあなたの人生を切り開いてくれます。
もし、一見遠回りのように感じたとしても、ワクワクをたどるのが最短ルートなのです。

どうか自分を信じて進んでいってください。
自分で全責任を取るとコミットして、あなたの人生、ワクワクの方へ進んでいってください。もっともっと生きていることが楽しくなります。間違いなく！

work

★未来のワクワク探しではなく、今この瞬間のワクワクを感じて行動しましょう。宇宙からのエネルギーは、今この瞬間にやってきています。

★いろいろなワクワクを感じましょう。高揚感があるワクワクもあれば、静かにわいてくるワクワクもあるでしょう。意外にも、静かなワクワクに大事な答えが隠されています。内側を静かに見つめて、静かなワクワクに気づきましょう。

★どんなに小さなワクワクでもかまいません。そのワクワクが、あなたを人生のミッションへと導いてくれるでしょう。

chapter 05

宇宙とつながる至福の世界

1 静かなワクワクと本物のコミット

…目指すところは、幸せ（Happy）より至福（Bliss）…

あなたがアクセスするエネルギーにより、あなたが体験する世界が変わっていきます。

もっと幸せになりたい！
もっと活躍できるようになりたい！
もっと成功したい！

そう願って、テンションを上げようとする人がいます。高いエネルギーを求めて、テンションを無理矢理上げようとするのです。しかし、テンションは、上げると落ちてしまいます。ハイテンションは継続しません。宇宙とつながった状態は、「キャー！」「わ〜！」といったハイテンションの状態ではなく、もっと穏やかな至福の世界です。

至福の世界を味わいたいのであれば、テンションを上げるのではなく、あなたのエネルギーが高まって内側に静けさが訪れるのを待ちます。テンションを上げてはいけない、ということとではありませんが、ハイテンションは継続しませんし、無理に上げようとすると、逆に気分が落ち込んでしまうこともあります。

あなたが幸せ（Ｈａｐｐｙ）を望む時、幸せの先に至福（Ｂｌｉｓｓ）の世界が広がっているということを覚えておいてください。そして、宇宙とつながって生きていきたい人こそ、そうした穏やかな至福の世界を目指しましょう。到達するは難しいのですが、体験したことのある人には必ずわかります。穏やかで、静かで、愛溢れる至福の世界を。

夢を叶えるために、頑張ろう！　テンション上げていこう！　モチベーション上げよう！と思っていたあなたへ。目指すところは、力みのない、もっと穏やかな世界だということを、頭の片隅で覚えておいてくださいね。実は、これがとっても大切なポイントなのです！

…あなたが「決めた」とき、心に静けさが訪れる…

やると決める。
実現させると決める。

こんな風に、私たちは「決める」という言葉を簡単に使いますが、この言葉はとても意味が深いものです。

「よし！ やるぞー！」と意気込んだものの三日も続かなかった、なんて経験をしたことはありませんか？

明日からダイエットしよう！
英語を絶対に習得しよう！
試験勉強を毎日頑張ろう！
毎朝6時に起きて、ウォーキングしよう！

こんな風に意気込んでも、続かないことがほとんどですね。でも、まれに続くこともあるでしょう。うまく続く時というのは、本当に「決めている時」です。

本当に「決めた」時、あなたの心の中に静けさを感じるでしょう。気合いとかやる気を超えた、ずーっとどこまでも続いていく深い静けさのような感覚が起きます。

この静けさを感じて決めたら、あなたは必ずやり遂げられるでしょう。

これは、**宇宙とつながった状態**です。

気合いややる気などの力みが抜けた状態で、ただ「やる」と決めた時、苦もなく自然と行動していけるようになります。

あなたが何かをする時に、どんな思いで臨んでいるかを思い出してください。

「よーし！　やるぞ〜！」とガッツポーズをして力んだりしていませんか？

もしそうであれば、肩の力を抜いて、深く静かに「やる」と決断してみてください。驚くほど効果があります。

自分にとって大きなチャレンジをしようとする時、私は意図的に力みを解き、心の中で静かに「やる」と決断するようにしています。心の

中を静かにした方が無駄な力が抜け、力みがなくなり、より大きな力が発揮できるからです。

これから、私の体験をもとに、もう少し詳しく宇宙とつながる静かな至福の世界についてお話していきますね。

work

★テンションを上げるのではなく、穏やかで静かな心の状態を目指しましょう。幸せよりもっと深い至福の世界が待っています。

★心の奥底から「決めた」時、あなたの内側に深い静けさを感じるでしょう。すると、あなたの決めたことは、確かに実現していくようになります。

2 宇宙とつながる至福の世界

…深い静けさと、自分を超えた感覚…

私が穏やかな至福の世界を体験した時のお話をします。

今から約7年くらい前のことです。私はまだ教員をしていて、祖父と二人暮らしをしていました。

その当時、私はとても規則正しい生活を送っていました。ある意味では、代わり映えのない、平凡な毎日を過ごしていたときのことです。

ある日の夜、私はいつものように仕事を終え、祖父と食事をした後で、自分の部屋でゆっくり過ごしていました。椅子に座り、なんだかとっても静かな感じがしました。田舎なので静かではありますが、そういう静けさとは違い、透き通っていて、ノイズをまったく感じない、まるで真空の中にいるかのような感覚でした。

シーンとしていて、「あぁ、なんて静かなんだろう……」と感じました。

いつも通りの日常なのに、普段とはまったく違う感覚だったのです。

心もとても穏やかで深い幸せを感じていました。

何か特別な出来事があったわけではありませんが、自分の内側から、幸福感と感謝の気持ちが自然と沸き起こり、愛が溢れ出てくるような感覚でした。

あまりにも幸せで、感謝の涙が滲み出てくるほどでした。今生かされていることが幸せで、今まで起きたすべての出来事がなんて有り難く、尊いのだろうと感じました。

自分の内側が愛でいっぱいに満たされているのを感じました。そして、「自分も他人もない」という感覚を得たのです。それは、自分と人との間に隔たりがなく、すべてがつながっている感覚でした。

私のエネルギーはどこまでも広がり、自分の肉体を超え、他のものや人など、全てとつながっていると感じました。

この感覚は、「幸せ」を超えて、もっと深い「至福」といえるものでした。
今までに感じたことのない深い幸福感と、穏やかで静かな世界。
「すべてはつながっている」ということを体感したのです。

この後に、さらに面白い体験は続きました。

至福感を抱いたまま寝室に行き、電気を消して、布団に入り、眠りにつこうとしていると、突然、私の体がふわふわふわふわふわと宙に浮いたのです。背中は布団から浮いていて、布団と私の体の間に15㎝くらいの空間ができていました。魂と肉体が離れる幽体離脱ではなく、私は、肉体ごと宙に浮いたのです。

ふわふわと体が浮いただけでも不思議ですが、さらに不思議なことが起きました。部屋は電気を消して真っ暗な状態で、私は目を閉じているのに、部屋中が明るく輝き、隅々まではっきりと見渡せたのでした。

実に不思議な体験でしたが、恐怖心はなく、とても心地の良い感覚でした。

その前に、私は自分の心が愛でいっぱいに満たされて、至福感に包まれている感覚を得ていましたから、それで心も体も軽くなって、浮いているんだな〜と、思っていました。

そうして私はしばらく心地よく宙に浮いていたのですが、ある瞬間、突然「ゴゴゴゴゴゴゴーーー！！！」というとてつもない大きな音が！　私は、「吸い込まれる！」と思い、怖くてとっさに体にぎゅっと力を入れました。すると浮いていた体は、布団の上に戻り、その音も消えたのです。その日の夜は、そのまま眠りにつきました……。

この不思議な体験がきっかけで、私は宇宙とつながるときの、心と肉体の状態を体感することができたのでした。

宇宙とつながった状態とは、**自分の心が内側から愛でいっぱいに満たされた感じになり、穏やかで、静かで、至福の感覚を得ます。**

私たちは、〝誰かのために頑張ろう、誰かを幸せにしよう〟と思っていますが、**本当は、私たちはつながっていて、自分が幸せになり満たされると、周りの人にその幸せは伝わっていきます。満たされた愛は外側にどんどんと溢れ出し、気付いたら「自分と他人」という区別もないくらい、深いつながりを感じられるのだということがわかったのです。**

…なぜ、内側に静けさが訪れるのか？…

私はこの日、今まで感じたことのない穏やかさと深い静けさと至福の世界を体験しました。いつもと同じ環境にいるのに、どうしてこんなにも静かで穏やかなのだろう？と不思議だったのですが、それは、私の頭の中が静かになっていたからだと、のちに気づきました。

いつもは、雑念が多かったり、頭の中のおしゃべりが止まらずに、いろいろなことを考えたり悩んだりしていましたが、あの時はそういった「ノイズ」がまったくなくなっていました。だから静けさを感じられたのです。

そして、いつもいかに考え事をしていたのか、ということに気づき驚きました。

私たちは、悩み考える結果、自分で自分を混乱させているのです。頭の中で絶えずしゃべり続け、そのノイズによって、宇宙からのメッセージに気づけずにいるのです。

このノイズを消す方法が、第3章でお話した**「自分の感情に気づく」**という方法です。

自分の内側で何が起きているのかを見つめ、今自分が何を考え、何を感じているのかに気づきましょう。気づくと、ノイズは穏やかに消えていきます。

おしゃべりを止めようとするのではなく、抵抗せずにただ気づいてください。

抵抗しようとすると、ノイズがますます強くなります。抵抗せずに受け入れると、スーッと消えていきます。

これを日頃から繰り返していると、あなたの内側は静かになっていきます。そして、ハイヤーセルフや宇宙からのメッセージに気づきやすくなっていきます。


私は、この宙に浮いた体験の後、インドに行きましたが、インドの修行ではとことん自分の内側を見るということを実践しました。人とも会話せず、スマートフォンも触らず、ただ自分の内側を見つめていく時間。現代の日本人にとっては、なかなかない貴重な時間でした。人と会話をしないと、いつも以上に自分の内側の声がはっきりと聞こえます。最初は、ネガティブなことばかり発する自分の声に驚きましたが、実際は、いつもそんな風に悩みがとめどもなく溢れていたのでした。日本にいるときは、外部の騒音、テレビや人の会話、インターネットから溢れる情報のノイズ……これらと自分の頭のノイズがごちゃまぜになって、麻痺している状態だったので、そうしたネガティブな声にも気づかなかったのです。

それがあの日の夜、穏やかな静けさと至福の世界を体験し、**いかに日常の騒音と自分のノ**

イズによって大切なメッセージを聞き逃していたのかということに気づかされました。

時にはテレビを消して、音楽も消して、インターネットからの情報もオフにして、自分と向き合う時間を作ってみましょう。沈黙から学ぶことはたくさんあります。きっと、たくさんの情報をインプットする以上に、大きな収穫を得られるでしょう。

答えはすべて、あなたの中にあります。

それに気づくためには、あなたの内側で何を感じているのかをただ見つめていきましょう。するとある日、本当に内側に静けさと至福の世界がやってきたことを感じられるでしょう。

work

★宇宙とつながると、深い静けさと至福の世界を体感できます。どこまでも続く静けさと、溢れ出る愛。あなたは人とのつながりを自然と体感できるでしょう。

★騒音をシャットアウトして、自分の内側をただ見つめてみましょう。最初は、自分のおしゃべりに気づいて驚くかもしれませんが、繰り返していくうちに、やがて本当の静けさを体験するでしょう。

3

宇宙とつながったときの体はLight！

…ワクワク生きている人は、Lightでエネルギーに満ちている！…

先ほど、私の体が宙に浮いたお話をしましたが、それについて気づいたことがありました。それは「Light」になる、という感覚です。**宇宙とつながったとき、体は「Light」**になります。

Lightには、二つの意味があります。

それは、「光」と「軽い」です。

体が宙に浮いたときのことを思い出してみると、電気を消して目を閉じているのに、部屋中が明るく、すべてが見渡せました。おそらく、自分のエネルギーが輝いていて、あたりを明るく照らしていたのでしょう。そして、私の体は軽くなって宙に浮きました。こんな風に、「光」と「軽さ」を感じたのです。

セミナーでこの話をした時に、当時19歳のシンガーソングライターの愛ちゃんという女の子が、こう話してくれました。

「私もよく体が宙に浮いちゃうんですよ〜！　まったく同じだからびっくりしました」

彼女の歌声はまるで天使のようで、一瞬でメロディーと歌詞が降りてくるという天才的なシンガーソングライターです。そんな彼女も、よく体が宙に浮いているそうです。私は、宙に浮く経験を何度も体験したわけではありませんが、彼女は何度も体験していました。いつも宇宙とつながっているわけですから、Ｌｉｇｈｔな状態で歌をつくるという体験を何度もしてきたのですね。キラキラ輝く瞳で、そうお話してくれました。

こんな風に、あなたが宇宙とつながっている時は、Ｌｉｇｈｔになります。

でも、何も宙に浮いたりするような不思議体験をしなければ宇宙とつながっていない、という意味ではありません。

着目すべきは「光」と「軽い」です。

これを感じる時、あなたは宇宙とつながっているのです。

あなたがワクワクすることをやっている時、あなたのオーラが光り輝きます。

例えば、「最近、あの人なんだかキラキラしているな〜！」って感じることありますよね？　それは、実際にその人のオーラがキラキラ輝いているのを見ているからです。

あなたは、オーラは見えないと思っているかもしれませんが、実際は、その人の輝くオーラを感じ取っているのです。だからキラキラ輝いて見えるのです。

キラキラ輝いている人に、「最近、嫌なことばかり。苦痛な毎日を過ごしてる」という

人はいないでしょう。輝いている人は、自分の好きなこと、自分がワクワクすることをやっているはずです。心はいつもワクワクしていて宇宙と繋がって行動しているからエネルギーを発し、キラキラ輝いて見えるのです。


あなたがワクワクしている時の体の状態を思い浮かべてみてください。

とても軽やかではありませんか？

反対に、やりたくないな〜と思う時は、体が重くて重くてたまらないでしょう。

あなたが宇宙とつながって行動している時、つまり、ワクワク過ごしている時は、あなたのエネルギーも光り輝き、とってもＬｉｇｈｔに行動できているはずです。

…頭で考えてしまうときは、体の声を聞こう…

自分が頭で考えていることと、心で感じていることの区別がつかない時は、体の声を聞いてみましょう。あなたの体は、答えてくれるはずです。

やった方がいいのか？　やらない方がいいのか？と迷っているなら、「やりたい！」というあなたの意思を大切にしてください。

人からいろいろなことを言われ、世間の常識に惑わされている人は、頭の中がきっとグルグル状態になっていることでしょう。これをやりたいんだけど、お金がなくなったらどうしよう。周りの人に反対されたらどうしよう。批判されたらどうしよう……。そんな考えが浮かんでくるうちに、果たしてやりたいのかどうかもわからなくなってしまうことがあるでしょう。あなたの体は正直です。そんな時の体の状態は重く感じられるはずです。

これに対し、やりたいことなら、自然と行動に移せるでしょう。

宇宙が指し示す方向に向かっているのなら、あなたの体は軽やかに動いてくれます。

「最近、輝いてるね！」「いつも明るくて、元気だね〜！」と誰かに言われたら、宇宙とつながって流れに乗っている証拠です。

私は全国各地をまわって、時々海外にも行ったりしながら、その合間に執筆を進めてきました。その姿は、すごく気合を入れて頑張っているように見えるかもしれません。だから、体力がないとできないように思う人も多いのです。しかし、決してそうではありません。ワクワクすることばかりを選択して行動しているので、軽やかにこなしています。体はいつも元気で、ほとんど風邪も引きません。

これが、いやいや行かされる出張だとしたら、または無理やり執筆しているのであれば、今頃体調を崩していたかもしれません。

体はとても正直です。

やりたいことだったらエネルギーがみなぎり、嫌なことだったら、一歩が重く感じられたり、肩が重く感じられたりします。そんな時は、エネルギーが出ない自分を責めるのではなく、エネルギーが自然とみなぎってくることをやりましょう。体が動かないのもサインですから、しっかりと体の声を拾い上げましょう。

体は、あなたのパートナーです。地球での人生を楽しむためには、必要不可欠なものです。いつも体を大切にし、体の声を聞くようになると、地震などの自然災害も感じられることがあります。

私は、自分が今いる場所の近くで震度5以上の地震が起きる時は、関節が痛くなるなど、何らかの体の異変で察知することがあります。

野生の動物が地震を察知して逃げたりするように、本来人間にも危険を察知する能力はあるのです。

日頃から、自分の体の変化に敏感になると、自分の本心がどこにあるかに気づけるし、危険を察知することもできるようになります。
ぜひ、心と同様に、体の声にも耳をすませてみてくださいね。

work

★あなたが宇宙とつながって行動している時、あなたの体は「Ｌｉｇｈｔ」です。光輝き、軽やかになります。

★あなたの本心が見えなくなった時は、体に聞いてみましょう。体に尋ねてみると、意外とあっさり答えてくれるでしょう。

4 深いリラックスで、宇宙とつながる

…リラックスすると宇宙とつながりやすくなる…

宇宙とつながりたい人は、リラックスしましょう。頑張って何かをしたり、力んでしまうと、宇宙とはつながりにくくなります。

先ほど、宙に浮いた私の体験をお話ししましたが、それも眠りにつく前の、一番心と体がリラックスしている時でした。また、私が宇宙の映像を見たのも、お風呂に入ってリラックスしている時。このように、リラックスすることによって宇宙とつながりやすくなるのです。

通常、私たちは、肉体の感覚により自分を認識しています。ですが、真っ暗のお部屋にいて、静寂の中に身を置くと、肉体感覚から解き放たれます。

実際に、私もインドで、真っ暗な静寂の空間で瞑想をしたことがありますが、その時、肉体的な感覚から解放されたと感じました。自分の意識やエネルギーが肉体の外にも広がっていくのを感じたのです。

実は、肉体の感覚を解き放っていくと、宇宙とのつながりがよくなるのです。肉体の感覚が解き放たれた時、「自分」という個の感覚がなくなり、あらゆるものとエネルギーでつながっているという感覚になることがあります。なので、宇宙と繋がりたい時は、なるべく肉体の力を緩め、「自分」という感覚を解放させましょう。

私たち人間は、力を入れる方が得意です。

力を抜いたリラックス状態をあまり体感したことのない人が多いのが現状です。

私も、ヨガや瞑想の経験がない頃は、肉体に力を入れっぱなしの状態でした。

何かを成し遂げるために、頑張らなきゃと思い込んでいたのです。

全力で頑張ればよいと思い込んでいた私は、ある時、試してみました。一日の中にスケジュールをたくさん組み込んで、一日中全力で走り続けるような予定をたてました。でも、やはり一日も持ちませんでした。

今では、リラックスすることを覚えたので、仕事の最中も肉体をリラックスさせて活動しています。すると肉体のエネルギー効率もよくなり、楽に仕事をこなせます。楽なのに、いつも以上のクオリティーでこなしていけるのです。

ヨガをするとき、力を抜けば抜くほど体が柔らかく曲がっていきますし、ピアノも手首に変な力が入らない方が、美しい音色が奏でられることを体感しました。

余分な力を抜き、必要なところにだけエネルギーを注ぎましょう。それを体得できるようになると、仕事も瞑想状態でこなしていけるようになりますよ。

：リラックスすればするほど、インプットもアウトプットもスムーズになる：

がむしゃらに頑張る。力を入れて気合を入れて頑張る……という行動を手放し、リラックスを味方につけると、あなたの潜在意識はより活発に働き始めます。

そして、リラックスすればするほど、たくさんの情報が入ってくるようになります。

私が人生で初めて受けたセミナーが、潜在意識を活用したある速読術のセミナーでした。

そこで体感したのは、ヨガとよく似た世界でした。

自分の肉体をリラックスさせればさせるほど、潜在意識が働き、たくさんの情報を一度に処理していけるようになるのです。

私は、ワクワクしながら速読を研究しました。1ヶ月くらい練習し、気づいたら1冊の本を10分から15分くらいで読み込むことができるようになっていました。

この感覚を体験して、ヨガと速読はまったく同じだと感じたのです。ヨガにしても速読にしても、結局は宇宙の本質につながっているので、リラックスすることによってうまくいくようになるのです。

私は、速読のメソッドを、本を読むことだけでなく、あらゆる視覚情報に応用しました。リラックスをして情報を取り込んでいくようにするだけで、今まで以上にたくさんの情報を取り入れることができるようになります。それだけではありません。記憶力もよくなっていきました。


ポイントは、一生懸命覚えようとせずに、リラックスすれば必要な情報が取り込まれてい

く、と自分を信頼することです。

頑張って覚えようとすると、顕在意識が作動します。顕在意識は、私たちの意識のたった3％を占めるにすぎないと言われています。そのたった僅かな意識だけを使うよりも、残りの97％を占める潜在意識を活用してくことで、今まで以上のことがこなせていけるでしょう。

自分には能力がないんじゃないか？と思い込んでいる人が多いのですが、実際は、能力がないのではなく、意識の使い方が違うだけなのです。

一生懸命やれば叶うという呪縛から解き放たれると、こんなにも楽しく、簡単に叶っていくのか！と驚かれることでしょう。

これは真実なのです。

私は、インプットだけではなく、アウトプットも得意です。毎日「宇宙の秘密３６５」というメルマガを配信していますが、読者の皆さんから「よく毎日書けますね！　しかもこんなドンピシャな内容を！」と驚かれます。

なぜそんなことができるのかというと、リラックスして日常的に宇宙とつながっているからです。「自分」が書いている、という意識を強めてしまうと、うまく文章が出てきません。

私たちは 宇宙の一部!!

しかし、リラックスして、「自分」という感覚から解き放たれると、スルスルと文章が流れるように生み出されていくのです。

私たちと宇宙はつながっていて、私たちは宇宙の一部分です。自分が宇宙そのものなので、宇宙がたくさんの情報を持っていると考えると不思議はないですね。

しかも、毎日全部出し切ろうとすればするほど、新たな情報が入っていきます。

宇宙はエネルギーが循環していますが、情報もエネルギー循環の一つです。出し惜しみせずにアウトプットしていくと、新たな情報や新たなアイデアが入ってきます。

宇宙は枯渇しません。あなたも宇宙なので、宇宙とつながっていればアイデアが枯渇することはないでしょう。

work

★リラックスしましょう。「自分」という感覚から解放されると、宇宙とつながって、たくさんのことがこなせるようになるでしょう。

★リラックスすればするほど、インプットもアウトプットもスムーズにできるようになります。頭の良さよりも、意識の使い方が重要なのです。

5 生活の中に、ひらめきスポットをつくろう!

…あなたが今までにひらめいた体験を思い出してみよう…

これまでお話ししてきたように、リラックスしていると宇宙とつながりやすくなります。そして、宇宙はすべての人にアイデアを降ろしてくれています。このように言うと「アイデアなんてひらめかない」「ひらめいたことがない」という人がいるかもしれませんが、宇宙から降りてきたアイデアに気づいていないだけかもしれません。アイデアというのは、降りてきていることに気づけているか、気づけていないか、ただそれだけの違いなのです。

今はひらめかなくても、過去には、「あの時ひらめいて、それを行動に移したらうまくいった」ということはありませんか?

これまでの人生を振り返ってみて、思い出してみましょう。

すぐに思いつかないかもしれません。でも、じっくり落ち着いて振り返ると、「ああ、そういえば……」という経験があるのではないでしょうか？　すべての人にひらめきは降りてきているのですから。

ただ、無意識のうちに起きていることなので、記憶されていないだけです。

この無意識の部分を意識化させましょう。自分がどんな時にひらめくのかが分かれば、自らひらめきが起きやすい環境を作り出していくことができるでしょう。

宇宙セミナーで受講生の皆さんが答えてくださった例をお伝えしますね。こんな時にひらめきが起きたそうですよ！　あなたの日常と照らし合わせながら、読んでみてくださいね。

・お風呂に入っているとき・シャワーを浴びているとき・電車に乗っているとき・飛行機、新幹線などでの移動中・車の運転中・散歩をしているとき・ランニングをしているとき・トイレに入っているとき・ぼーっとしているとき・集中して物作りをしているとき・アイラインを引くとき・雨の匂いを嗅いだとき・ヨガをした後・お皿を洗っているとき・布団に入って眠りにつく瞬間・朝起きた瞬間・夢の中……ｅｔｃ.

このように、意外とシンプルな日常の一場面で起きています。シンプルすぎて、今まで気づかなかっただけなのです。

きっとあなたも思い当たるところがあるでしょう。一つだけではなく、ひらめくポイントは複数あるはずです。

そのとき、どんな感覚が起きているかも同時に思い出しましょう。

例えば、こんな感じで……

・集中していたらふとアイデアがよぎった
・なんの脈絡もなく、「〇〇をやりたい」と思った
・あることをやっている映像が突然浮かんだ
・急に人に連絡を取りたくなった
・ある単語が突然イメージの中に浮かんできた
・すぐに動き出したくなる

もし、ひらめいてもすぐにアイデアを忘れてしまうようなら、ひらめく場所にアイデアノー

トとペンを置いておきましょう。そして、ひらめいたらすぐに書き込めるようにしておきましょう。スマートフォンにメモをするのもよいですね。ボイスメモで録音するのもよいでしょう。あなたにとってやりやすい方法で、アイデアをどんどんメモしていってください。すると毎日がますます楽しく活力に満ちてきますよ！

あなたが行き詰まったとき、ひらめきスポットに身を置こう！

あなたがよくひらめく環境、ひらめきスポットは見つかりましたか？

あなたがどんな場所でひらめくのかに気づいたら、意図してその環境に身をおきましょう。

日常の中で行き詰まっても、大丈夫です。

自分がリラックスして宇宙とつながりやすい状態を知っていたら、意図してそこに身を置けばよいのですから。するとまたあなたらしさを取り戻せるでしょう。

人生は、自分次第でいかようにも工夫していくことができます。

悩みの中にいると視野が狭くなり、頭の中でぐるぐる思考が巡り、止まらなくなるでしょう。そんな時に、自分のエネルギーを入れ替えるためのアクションが取れるといいですね。

それが、ひらめきスポットに身を置くことです！

できれば、自分のひらめきスポットをいくつか見つけておくとよいですね。

私の場合、アイデアに行き詰まったら、お風呂に入る、寝る、です。

執筆のアイデアを出したい時は、もちろん家でも書きますが、よくアイデアが降りてくるカフェやラウンジに行きます。お気に入りの席もだいたい決まっています。


私は教員時代に、仕事の一環として学級通信を書いていました。書き出す前に、お菓子の「じゃがりこ」を一箱食べていました。それは私特有の一種の儀式のようなものなのですが、「じゃがりこ」を食べると不思議と文章が降りてくるのです。あの塩加減と、カリカリという歯応え、食感が私の脳を刺激し、ひらめきを誘っていたのです。

今は、「じゃがりこ」を食べなくてもアイデアが降りてくるようになりましたが、このように、自分にとってきっかけとなるひらめきスポットやアクションを複数見つけて、日常生活をどんどん工夫していきましょう。


ポイントは、自分にとって何が心地よいのか、何をすると自分の能力が発揮しやすくなるのかをいつも意識すること。

自分が心地よければ、どんな環境であってもよいのです。

音楽があった方が集中できる人もいれば、静寂の中で集中できる人もいるでしょう。カフェのように音楽や人の声などのにぎやかな音が適度にある方が集中できる場合もあるでしょう。

そして、その時の自分の気分も大切です。いつもはこの行動を取るけど、今日はこれをやってみよう！という柔軟性もあるとなおよいですね。

このひらめきスポットを研究し始めると、日常にワクワクが溢れていきます。

ぜひとも、自分のひらめきを研究してみてくださいね。

： アイデアを宇宙から降ろす ：

今この瞬間のワクワクに生きるようになると、悩みが消え、思考がクリアになり、ひらめきが起きやすくなります！

毎瞬毎瞬のひらめきをキャッチして行動に移しましょう。

自然とやってくるひらめきをキャッチすることはとても大切ですが、意図して積極的に宇宙からアイデアを降ろすこともできます。その方法をお伝えしますね。

私は、かつて、頭を使って一生懸命無理やりにアイデアをひねり出そうとしていました。でも、それでは時間がかかるばかりで、まったくよいアイデアが湧いてきませんでした。ですが、自分の思考がクリアになればなるほど、日々の直感に気づけるようになり、アイデアも必要な時に降りてくるようになりました。


アイデアの降ろし方は、まず先に宇宙に質問を投げかけます。

その時の質問の作り方にはポイントがあります。

まずは、自分がどんなアイデアを得たいか考えて、それを宇宙に伝えることです。

例えば、

「○月○日の講座のアイデアをください」

たしかに伝えてはいますが、これだけでは不十分です。

「○月○日の講座で、皆さんが深く宇宙について理解できて、大満足していただけるアイデアをください」

だいぶ良くなりましたが、これでもまだ十分とは言えません。

「皆さんが深く宇宙について理解できて、日常に活かして変化を起こしていける講座のアイデアが○月○日までに降りてきた♪」

このように具体的にオーダーします。質問をより具体的にして、最終的に、それがもうすでに叶った形にしてオーダーします。

その際には軽やかにオーダーしましょう。宇宙のエネルギーはLightですから、さらりと軽やかにオーダーする方が叶いやすいのです。

オーダーする時に、私は右上の方をちらりと見て、目で、ピッとエネルギーを送ります。なぜそうするのかはよくわかりませんが、私がうまく行った時は、いつもこのオーダーの仕方なんです。

一回やってみて、効果がある人もいれば、実現するまでに時間がかかる人もいます。一回やってうまくいった、いかないと悩むのではなく、何度も宇宙にオーダーする習慣を持ちましょう。

そして、オーダーしたら、あとはその質問の答えを頭で探そうとはせずに、すっかり忘れて日常をワクワク過ごします。するとある時突然、アイデアが自分の内側に浮かんだり、映像で見えたり、その答えが書いてある本と出会ったり、友人が答えを語り始めたりします。

そんな風にして、アイデアをキャッチしていきましょう。ただし、普段から自分の感覚に敏感になっていないとキャッチできませんから、常に自分の内側を観察する習慣を持ちましょう。

宇宙にオーダーして、アイデアを降ろすというのが日常的にできるようになると、それだけで悩みが格段に減ります。

悩んで頭で考えるよりも、ずっと良いアイデアが降りてくるようになるでしょう。

ぜひ、ワクワクしながら何度も試してみてくださいね！

何度も繰り返しやってみて、宇宙との関係を深めていきましょう。

うまくいかない時は、送っているエネルギーが重々しくないか？

何かに執着していないか？　質問の作り方が十分か？を確認してみてくださいね。

アイデアは「今この瞬間」にフォーカスしているとしっかりと受け取ることができるでしょう。ぜひ、宇宙と仲良くなって、自分の中に降りてくるアイデアをキャッチしていきましょう！

今この瞬間に生きると、ひらめきに気づけるようになります。アイデアを降ろしたいなら、宇宙にオーダーする習慣を身につけましょう。

work

★今までにひらめいた体験を思い出してみましょう。どんな時に、どんな行動をしているとひらめきましたか？　その時の感覚も思い出して、ひらめきを生み出すために日常で役立てましょう。

★あなたのひらめきスポットはどこですか？
意図してその環境に身を置きましょう。あなたの工夫次第で、人生は変わります。日常生活にワクワクひらめく環境を自ら作り出していきましょう。

★今この瞬間に生きると、ひらめきに気づけるようになります。
また、アイデアを降ろしたいなら、宇宙にオーダーする習慣を身につけましょう。

6
常にエネルギーは送られてきている
…心を静かにすると気づける宇宙のサイン…

私たちには、常に宇宙からエネルギーが送られてきています。そのサインに気づけているか、気づけていないか、ただそれだけなのです。

気づけていなくても、人生がうまく展開していくことは多々あります。ですが、気づけると、意志を持って、より積極的に人生を創り出していくことができます。「偶然うまくいった」の連続だけでなく、意図して人生を望む方へ展開させていくことができるのです。

宇宙は、1ミリの狂いもなく、私たちにベストな環境を与えてくれています。これについて、私の受講生さんからこんな言葉をいただきました。

「Lilyさん。宇宙は1ミリの狂いもないって、初めて聞いた時は、なんて大げさな言葉なんだろう!と思っていたのですが、実際に自分の直感に従って行動して行ったら、宇宙は、『**0・1ミリ**』**の狂いもない**なって思いました！　本当に宇宙ってすごいんですね」こう笑顔で話してくださいました。

それを聞いて、私もとても嬉しかったですし、同時に、0・1ミリの狂いもないという言葉に改めて深く頷いた瞬間でした。

自分のひらめきや直感、ワクワクに従って行動すればするほど、宇宙は1ミリの狂いもなく采配しているという言葉が腑に落ちていきます。

頭で理解するのではなく、ぜひとも実践を通して感じていただきたいです。

自分を信じられないうちは、宇宙とのつながりもはっきりと感じられないでしょう。自分が宇宙なので、宇宙と繋がりたければ、やはり自分とつながることですね。

大きなインパクトを期待するよりも、毎日の小さな宇宙のサインをキャッチしていくことがとても大切です。

自分の心が穏やかになる時間、肉体をリラックスさせる時間を作って、日常の中で自分とつながりましょう。

宇宙とのつながりは、「修行」のようなイメージでとらえるよりも、自分自身の心地よさの追求と思ってください。

日々、自分と向き合い、自分の心地よさを追及することです。そして、自分らしくいられれる環境を求め、自らその環境を作り出していく中で、常に宇宙とのつながりを感じられるようになっていくでしょう。

滝に打たれたり、禊をしたり……そんな修行も素敵な体験ですが、私自身、**宇宙とのつながりを求める場は、いつだって「今この瞬間」、「あらゆる場所」に存在している**と感じています。何か特別な場所に行かなくても、また特別なことをしなくてもよいのです。

日常の自分と向き合うことこそが、至福体験への一番の近道です。

どうか、あなたの日常が愛に満ち溢れ、穏やかな静けさの中で自分らしさを発揮していかれますように。

…一般常識と宇宙の常識はイコールではない…

宇宙とのつながりが深まるにつれ、一般常識とのギャップを感じる場面が増えてきます。

- 気合を入れて頑張るよりも、リラックスした方が、宇宙とつながってうまくいく
- 一生懸命記憶しようとするよりも、リラックスした方が、たくさんの情報を吸収できる

● 「自分」という感覚を手放した方が、宇宙からのアイデアを降ろしやすくなる
● テンションを上げて頑張るよりも、穏やかな静けさが宇宙とつながる心の状態

などなど。宇宙の常識と、一般的によいと刷り込まれてきたことには、ギャップがあります。ですが、自分の心を穏やかにし、宇宙的な視点で世の中を俯瞰できるようになると、何が本当の真実であるか気づけるようになり、このようなギャップに思い悩むことすらなくなるでしょう。

そして、人の言うことに翻弄されたり、周りの人からの評価を気にすることもなくなり、自分らしさを最大限に発揮できるようになるでしょう。

あなたらしくいられる場所を、あなた自身で創り出していきましょう。そうすると、もっともっとあなたの中に眠っている可能性を発揮できるようになるはずです。日常に目を向け、今この瞬間を大切に生きていくことこそが、地球に生まれた醍醐味なのです。

宇宙とつながった状態を知った上で、実際に日常の「今この瞬間」に生きていくとはどう

いうことかを、次の章で書き綴っていきますね。

work

★特別な修行をしなくても、日常の中で宇宙とのつながりを作っていくことができます。日常の中で、自分が心地よく過ごせる環境を自ら創り出していきましょう。

★一般常識と、宇宙の常識はイコールではありません。
一般的に言われていることと真逆のことも多いです。
心を静かにして日常を俯瞰していくと、何が真実か気づけるようになるでしょう。

chapter 06

今この瞬間に生きる

1 地球にあって、光の世界にないもの

…肉体と感情と時間…

私たちは光の世界からやってきて、この地球に降り立つ時に、肉体を持って生まれてきました。そして、この地球には、光の世界にはない「時間」や「物理的な距離」が存在します。

光の世界では、肉体はなくエネルギーだけがあります。

激しい感情もなく、時間もない穏やかな世界です。

物質世界であり、感情と時間のあるこの地球での生活の最大のポイント。それは、何よりも肉体を持って行動し、感情を見つめ、時間を大切に生きていくことです。

肉体を持って行動することは、この地球でしか体験できません。だから行動が大切なのです。

エネルギーだけではなく、肉体を使うことに意味があるのです。

願っているだけでは形にならないのが、この地球での特徴です。自分がこうなりたいと意

図したら、ぜひ行動しましょう。行動して形になっていくのが、この地球なのです。せっかく肉体を持って生まれてきたのに、頭で思い悩んで過ごしているなんて、とてももったいないことです。

頭でどれだけ考えても、行動しない限りは今と変わらないでしょう。

そして、時間が大切です。

時間という概念は、これまた地球特有のものです。だから、時間を大切に使うということが、地球での生活を最大限に楽しむための大きなポイントになってきます。

時間は、過去、現在、未来と流れているかのように思えますが、実際は、「今この瞬間」の連続で成り立っています。これに関しては、後ほど詳しくお話ししますね。

…命の時間の使い方…

魂は続いていきますが、地球での生活には終わりがあります。つまり、限りがあるのです。それを象徴するのが、「時間」です。私たちが日々費やしている時間こそが、あなたの命そのものなのです。

「今この瞬間」が人生で一番若い時です。いつだって、今が一番若く、今が一番経験を重ねているのです。過去や未来はありますが、今が一番若いのです。ならば、今こそがベストタイミング！

私たちは、うっかりすると、時間よりもお金を大切にしがちです。お金の方が、目に見えて増えたり減ったりするのがわかるからです。でも、お金は後からいくらでも返ってきますが、過ぎ去った時間を取り戻すことはできません。

あなたは命の時間をどうやって使っていきますか？

今までは、時間を大切にしようと思っても、時間を守ることくらいしか意識したことはなかったのではないでしょうか？

時間を守ることももちろん大切ですが、一番大切なのは、あなたが楽しい、ワクワクする時間を過ごすことです。

命として時間を与えられています。その命の時間を、どのように使っていくかがこの地球

での生き方そのものなのです。

命の時間の使い方を意識したことのある人は、意外と少ないものです。時間通りに計画を立てる人はたくさんいますが、限りある時間をいかに幸せに、ワクワクして過ごすかを意識している人はごくわずかです。ほとんどの人は、与えられた時間をワクワクすることに使わず、ただなんとなく毎日を過ごしています。

この地球での命の時間は、あなた自身で組み立てていくことができます。

そして、この時間をどう使っていくかは、「今この瞬間」にフォーカスすることから始まります。

この章では、「今この瞬間」にフォーカスして、いかに地球で有意義に生きていくかを話していきますね。

work

★光の世界にはなくて、この地球にある、肉体、感情、時間が、地球での生活を最大限に楽しむためのキーとなってきます。感情が照らす行き先に向かって肉体を使って行動し、命の時間を大切にして過ごしましょう。

★あなたが最も幸せになれる命の使い方は、ワクワクする時間を過ごすことです。限りある時間を大切にし、ワクワクの時間を選択しましょう。

2 永遠に「今」しかない

…過去も未来もない「今この瞬間」しかない…

この世界には、過去も未来もありません。

「え？ でも、今日も朝起きて、歯を磨いて、いつも通り出勤して、夜は友人と飲みに行って……。ちゃんと過去はありますけど……」

と言われそうですが、今日一日の過去も、昨日のことも、すべてがあなたの想像の世界。もはや、実体はないのです。

この世界に、実際に見て触れて実体のあるのは、「今この瞬間」しかありません。なのに、私たちはもはや存在していない過去にとらわれたり、まだ起きてもいない未来を想像し、苦しくなっていることがあります。

過去はどこにありますか？

お昼に友人とランチした過去。
昨晩、家族と一緒にテレビを見ながら会話した情景。
楽しかった新婚旅行。
高校時代のあまずっぱい思い出。

それらは一体どこにあるのでしょうか？
思い出せても実際に手で触れることはできませんね。
そして、未来はどこにありますか？

いつか行こうと思っている旅行。
憧れの結婚式の風景。
ワクワクする待ち遠しいイベント。
老後の情景。

これらはどこにありますか？　未来を思い描いて感情を感じることはできても、実際に手で触れることはできないでしょう。


この世界に実在しているのは、「今この瞬間」しかありません。

過去も未来も存在していません。

なのに、私たちは今この瞬間をしっかりと味わわずにいることが多いのです。

今日から今この瞬間を意識していきましょう。

今、自分が何を見て、何に触れて、何を感じているのか？

ここにフォーカスしていきましょう。

…今、今、今の連続で世界は創られている…

この世界は、今この瞬間の連続で創られています。過去や未来は実体がなく、実際に触れられるのは今この瞬間しかありません。

この世界は、今、今、今が連続してできているのです。

「今」と言っている先から、どんどん「今」が「過去」へと変わっていきます。

実体があるものは、いつも今この瞬間しかありません。

だからこそ、今この瞬間に生きることが大切なのです。今に生きるようになると、あなたの心は平安を取り戻すでしょう。

今この瞬間には、悩みや苦しみは存在していません。そして、実体のある今を味わい生きていくことが魂の喜びです。

想像の世界も素晴らしいですが、この地球での醍醐味は、やはり行動して、今この瞬間を味わっていくことにあるのです。

この世界が今、今、今の連続でできているのですから、毎瞬のワクワクを見つけていくことが大切です。「昨日は○○をやろうと思っていたのに、今日は乗り気がしない」というのであれば、「昨日」の気持ちではなく、「今日」の、今この瞬間の気持ちを優先させましょう。

少し前の過去よりも、まずは今この瞬間にやりたいと感じることを優先させましょう。

第4章でワクワクの点と点を結ぼうとお伝えしましたが、それは「今この瞬間にやりたいと感じること」をやっていく、ということです。それこそが、ワクワクの点と点を結んでいくということなのです。

世界が今、今、今の連続でできているからこそ、今までの経緯や行き先などは考えずに、今、感じるままに行動していくことが大切なのです。それがポイントです。

今、今、今を連続させていくことによって、あなたの人生が創られていくのですから！

私自身、この今、今、今が連続して世界が成り立っていることに気づいてから、三日坊主になってしまう自分を責めなくなりました。責めなくなったことで、その時一番やりたいことを選択できるようになっていったので、ずいぶん生きやすくなりましたし、時間を大切に活用できるようになりました。

もし、今この瞬間やろうとしていることに脈絡がなく、コマ切れのような行動に思えたとしても大丈夫です。そもそも、瞬間瞬間で世界が創られているのですから。

work

★実際に手で触れられるのは、今この瞬間しかありません。過去や未来は、あなたの想像の世界で実体がないのです。だからこそ、実体のある今この瞬間にフォーカスしましょう。

★今、今、今の連続でこの世界は創られています。ワクワクを点と点でつないでいくというのは、「今この瞬間にやりたいと感じること」をやっていく、ということです。「今この瞬間にやりたいと感じること」を選択し行動していきましょう。

3 今に生きると悩みは消える

…ずっと過去に生きてきた…

私は25歳頃まで、ずっと「過去」に生きてきました。

「過去の自分」にとらわれて生きていたのです。小さい頃から、親からあまり褒められなかった私は、「100点取って当たり前」と言われて育ちました。テストで100点取っても褒められず、95点を取ると厳しく怒られるという小学生時代を過ごしてきました。ある時から、勉強が嫌になり、中学高校ではろくに勉強もしなくなってしまいました。そして、褒められずに育ったことを根に持って生きていました。それがなんと、恥ずかしいことに25歳まで！

本当の私は、やればできるのに！という思いを抱きながらも、頑張れない自分を親のせいにして生きてきたのです。

今思えば本当に恥ずかしい話ですが、幼少期から褒められずに育ったという（褒めてもらえなかったという思い込みかもしれませんが）、いつも自分の中にとどまっている感情があり、それがいつまでも私の中を支配していました。

「中学、高校時代に戻ってもう一度勉強したら、もっといい大学に行けたんじゃないか？」「もっと親が褒めてくれたら、私はやりたいことも見つけられたし、もっと意欲的に生きてこれたんじゃないか？」「今よりももっと素敵な環境に行けたんじゃないか？」

そんな感情がいつも渦巻いていました。


そうした感情を一掃するきっかけになったのが、離婚でした。

親にも散々迷惑をかけたのですが、離婚後、ある瞬間にハッとしたのでした。そして、**自分を幸せにするのは、自分自身だと気づいたのです。**

ずっと親のせいにして生きてきた自分の中で、ふと内側からこんな声が聞こえてきました。

「大人にもなって、親に対する不満を抱くのはおかしいんじゃない？　だって、私はもう子供じゃないし、自分の人生は自分で創っていけばいいじゃない」


本当は、父も母も共にとても愛情を持って私を育ててくれました。なのに、子どもだった私は、褒めてもらえなかったという一点を、いつまでも根深く感情のしこりとして残していたのでした。

内側の声が聞こえてから、私は誰かに褒めてほしいと求めるのをやめました。誰かに褒められるために生きていた自分に気づいたのです。

私は誰かの評価を気にするのをやめ、自分で自分を褒めたり認めたりするようになりました。するとなんと心穏やかに、のびのびと生きられるようになったことでしょう。

自分の感情を見て見ぬ振りをしても、その感情は自分の内側に残っているのです。

そして、時々その感情は湧き出てきます。

私のように、未浄化な感情を抱いたまま、ずっと過去に生きてはいませんか?

例えば、こんな風に。

・大好きな人に振られてショックだった過去をずーっと胸に抱いている。
・やりたかったけど反対されたために挑戦できなかった悔しい過去を引きずっている。
・小さい頃からの悲しい心の傷を、今も癒せずに抱えていて、新たな未来に挑戦する一歩を踏み出すのがこわい。

かつての私のように、何かしら根に持って、今この瞬間に目を向けずに生きている人はたくさんいます。

しかし、あなたが過去を思い、過去に生きているのだという現実に気づいた時、あなたの人生は好転していきます。

過去の苦しみばかりに生きている人は、どうか今この瞬間に目を向けていきましょう。もう過去は実在していないのです。あなたの空想の中に存在しているだけなのです。

…不安や後悔が沸き起こったら「今」に帰ってこよう…

頭の中の悩みがぐるぐる止まらないとき、あなたは今この瞬間にいないのです。

過去のことを後悔して生きていたり、未来に不安を感じて生きているのです。

そんなときは、ふと冷静になって、「今」に帰ってきましょう。そして、「今」に生きるのです。

「今」に生きるとは、「今この瞬間」に存在している場所、している行動、感じている体感覚、感情をしっかりと味わうことです。

決して過去を思い出したり、未来を思い描いてはいけないということではありません。

過去の楽しかったことを思い出して、幸せな気持ちになったり、素敵な未来を思い描いてワクワクしたりすることはとてもよいことですね。

ですが一方で、過去や未来は、苦しみや不安を生み出してしまうことがあります。

あなたの頭の中がぐるぐる雑念で溢れかえっている時は、きっとあなたは過去に対する後悔や、未来に対する不安に飲み込まれそうになっているでしょう。


「彼にあんなことを言わなければ、別れることはなかったのかもしれない」

「あの時、あっちを選択していれば、もっと幸

あの人に
あんなこと
言わなきゃよかった…
将来
お金に困ったら
どうしよう…
はあ…
「今」は
ごはんを
食べている!!

せになれたのかもしれない」

「親がもっと褒めてくれれば、自分はもっと自由にのびのびと能力を開花できたかもしれない」という過去や、

「好きなことを選択したいけど、お金に困ったらどうしよう」

「一生結婚できなかったらどうしよう」

「病気になったらどうしよう」

「好きなことをして、周りの人から批判されたらどうしよう」という未来。

こんな風に、過ぎ去った過去を悔んだり、まだ起きてもいない未来を思い描いて不安になっているとしたら、今この瞬間に戻ってきましょう。

「今」に戻るとは、今やっている行動を意識することです。
自分は、
今、スマートフォンを触っている
今、歯を磨いている
今、本を読んでいる（字だけ目で追って、内容を読んでいないこともありますね）
今、ご飯を食べている

今、深く息を吐いた
など、今、自分が行動したことを意識しましょう。

すると、今この瞬間に悩みは存在していないということに気づくでしょう。

いかに、自分が実体のないものを思い描き、苦しんでいるかに気づくだけで、悩みは格段に減っていきます。思考がすっきりとクリアになり、心のざわざわ感もおさまるでしょう。

そして、今にしっかりと生きるようになると、内側に静けさが訪れるようになります。

work

★過去に生きていませんか？　今のワクワクにフォーカスしましょう。
実体のないものにいかに悩まされてきたのかに気づきましょう。

今に生きると人生が大きく変っていきます。

★過去の後悔や未来の不安で頭がいっぱいになったら、「今」に戻ってきましょう。
ほとんどの悩みは今この瞬間に存在していないということに気づくでしょう。

4

過去も未来も書きかわる

…今の幸せに気づくと過去は書きかわる…

「今」に生きるようになると、今この瞬間にたくさんの幸せが溢れていることに気づきます。するると、変えられないはずの「過去」が、書きかわる瞬間がやってきます。

あなたを傷つけたとてもつらい過去があるとします。

すると、その傷を癒せないまま長年引きずっていたり、もう見たくもないからといって、感情のフタを閉めたまま見て見ぬ振りをして過ごしているかもしれません。

そうした過去は、あなたにとっては見たくもないほど嫌な過去。許せないほど怒りを感じる過去。そして、ことあるごとに思い出しては感情が込み上げてくるかもしれません。このように、あなたは過去を忘れられずに生きているかもしれませんし、もしかしたら表面上ではもう忘れたことにしてしまっているのかもしれません。

つらい過去を癒そうと一生懸命に努力する人がいます。しかし、過去にフォーカスして、過去の浄化や感情の解放ばかりに一生懸命になると逆効果です。

それよりも、**今この瞬間が幸せになることです。それによって過去の思い出は書きかわっていきます。過去よりも今が大切なのです。なぜなら、実体があるのは、今この瞬間ですから。**

今が幸せになると過去は書きかわります。過去に起きた出来事は同じままかもしれませんが、その受け止め方が変わってきます。

今が満たされない限り、過去が幸せな思い出へと変化していくことはありません。または、今が幸せでない限り、過去の栄光にしがみついて生きてしまうこともあるでしょう。「過去は、悲しかった、つらかった」と思うか、「あの頃は良かった、あの頃に戻りたい」と思うか、どちらかなのです。

過去はどうであれ、今の幸せに気づいた瞬間から、あなたの人生は劇的に変わっていきます。過去は、今の幸せに気づくために起きた宇宙からのギフトだったんだと気づけるでしょう。あれほどつらかった過去がどれだけありがたい貴重な体験だったのかと感謝の気持ちが湧き起こってくるでしょう。

それだけ、今この瞬間に生き、今が幸せであるということは大切なのです。

今の幸せに気づくと同時に、「すでにもう幸せは存在していたのだ」と気づくことも大切です。今に目を向けて、今を幸せにしていくこと、今ある幸せに気づくことに意識をフォーカスさせていきましょう。

…今の幸せに気づくと未来も書きかわる…

今が幸せになると、過去が書きかわります。もう書きかえられないと思っていたつらい過去が、今の幸せに通ずるための通過点だったと気づくでしょう。

つらい過去が、今に至るための貴重な学びの体験だったと受け止められるようになります。

今が幸せになった人は、未来も幸せになっていきます。

今が幸せでないと、未来の不安ばかりを思い描いて、憂鬱になるでしょう。でも、今日素敵な出来事が起きてウキウキワクワクしている瞬間に、同時に将来の不安を思い描いたりはしないはずです。

だから瞬間瞬間で、今の幸せを感じましょう。

今の幸せを見ずに、未来の不安にばかり生きている人もいます。幸せすぎて、その幸せを受け取れず、つい「不幸がやってきたらどうしよう……」と不安に思ってしまうのです。
それよりも、まずは今ある幸せを大切にしましょう。そして、今この瞬間を幸せにするために、自分ができることをやっていってください。

今が幸せになると、未来は書きかわります。今、今、今のワクワクや幸せを選択して行動していけたら一瞬先の未来の幸せを同時に選択しているのと同じことになるのです。未来は誰かに与えられるものではなく、自ら創り出していくものです。

work

★今の幸せに気づくと、過去のつらい記憶が、今日の幸せに辿り着くための貴重な経験だったと気づくでしょう。過去に引きずられるのではなく、今の幸せに目を向けましょう。

★今が幸せになると、未来も幸せになっていきます。未来の不安に押しつぶされそうになった時は、まず今ある幸せに目を向けて、今の生活と今の自分に愛を送りましょう。

5

宇宙の流れに乗る

…宇宙には、流れがある ～チャンスは向こうからやってくる～…

この宇宙には、流れがあります。ベルトコンベアのように、乗ってしまうとスムーズに運んでくれる流れがあるのです。その流れに乗るために、とてもシンプルなコツがあります。それは、あなたがワクワクすることを選択すること。それだけです。

宇宙には流れがありますが、その流れから落ちてしまうこともあります。ですが、またワクワクすることを選択することに

よって、流れに乗ることができるようになります。流れに乗ったら、ラッキーな出来事が向こうからやってきます。そして、がむしゃらに動いていた時よりも、スムーズに事が運んでいくようになります。

私が、宇宙の流れに乗って、教員からセラピストの道を進むことになったきっかけをお話しますね。

2011年頃のお話です。

私は当時、教員をしていました。教員の仕事はとても楽しく、定年までやってもいいな、と思うくらい充実していました。その一方で「新たな挑戦として、独立してみたいな～」という密かな願望も抱いていました。ですが、具体的な方向性はまったく見えていなくて、ただぼんやりと思い描いているだけでした。

その頃、私は読書にはまっていました。そして、速読のセミナーを受講し、速読に熱を入れていました。その他にも、レイキという気功の一種であるヒーリングを学んで、実生活に役立てていました。毎日学んだことを自分なりに楽しく研究し、学校でも子どもたちと充実した日々を送っていたのですが……。

そんな時、友人Tさんに速読の勉強会を開いてほしいと言われました。Tさんも同じ速読を学んでいたのですが、十分に習得できていないとのことで、教えてほしいと頼まれたのです。そして、Tさんと私を含め、4人で勉強会を開きました。広島のファミレスに集合して、私は3人にやり方を教えました。この時は、ただの勉強会で、私もワクワクして伝えたかったので、無償で教えました。みんなで楽しく速読を体験して、大盛り上がりで勉強会は終了しました（後に、友人Tさんは心理カウンセラーとして本も出版され、たくさんのカウンセラーを育成されていらっしゃいます）

その速読の勉強会に参加していた女性Yちゃんから数日後に電話がかかってきました。

Yちゃんはこう言いました。

「ねえ、Lily。この前の速読勉強会、すっごく楽しくて、勉強になったよ！　でね、Lily、レイキもやっているでしょう？　私、Lilyから教わりたいから、Lilyがレイキティーチャーになって、私に教えてくれない？」

しかも、レイキティーチャーになるための講座の受講料○○万円を、彼女が全額払ってくれると言います！　そのYちゃんと私は、まだ数回しか会ったことのない仲でしたが、私の勉強会にワクワクして、ぜひとも私から教わりたいと申し出てくれたのでした。

いつかレイキティーチャーにもなれたらいいな〜という淡い願いは抱いていましたが、まさかこんなにも早くそのチャンスが与えられるとは思っていなくて、ビックリしました。しかも、受講料を全額彼女が払ってくれるというのですから、まさに信じられない出来事だったのです！

大きな金額でもあったので、最初は躊躇し、なかなか進めなかったのですが、彼女が最後にもう一押し背中を押してくれて、思い切って彼女から受講料を受け取り、東京までレイキティーチャーの講座を受けに行ったのでした。

教員は副業ができませんので、そのタイミングで私は教員を辞め、同じ学校の非常勤講師に転向しました。こうして突然、セラピストへの道が開けたのでした。

この体験を振り返ると、こうなります。

私はその時一番ワクワクしていた速読を教えてほしいと言われて、勉強会を開きました。今この瞬間のワクワクを行動に移したのです。こうして私は宇宙の流れに乗りました。そうしたら、向こうからレイキティーチャーというチャンスがやってきたのです。チャンスは人が運んでくれます。

この体験のポイントは、「今この瞬間のワクワク」をキャッチして行動に移したことであり、計算しなかったことです。

よく、何かを始める前に、「これで元がとれるのだろうか？」とか「本当に人生の役に立つのだろうか」という風に、損得勘定で考えて、素直に前に進めない人がいます。**そうした損得勘定よりも、今この瞬間ワクワクを大切にしてください。それは必ずあなたの人生の大切なエッセンスとなるからです。**

私にとって、速読はただの今この瞬間のワクワクでしかなく、その勉強会が今後どう発展するかなんて全く考えていませんでした。純粋に楽しかったので話したにすぎません。すると、そのワクワクのエネルギーに同調したYちゃんが、私にセラピストとしての道を与えてくれたのでした。

あなたが今ワクワクしていることを素直に行動に移していきましょう。

今ワクワクすることをやると、あなたの今のエネルギーは高まります。そのエネルギーが素敵な未来を創り出すのです。そして、**ワクワクには、旬があります。**
あなたがワクワクした時が行動のベストタイミングです！
すぐに行動しないと迷いがやってくるし、損得勘定が働き始めます。
今この瞬間のワクワクをキャッチしたらすぐに行動しましょう！
宇宙の流れに乗るにはスピードが大切です。

…理由もなく惹かれることこそ、宇宙からのサイン…

あなたが興味を持つこと、ワクワクすること、好きだと感じる人、すべては宇宙からのサインです。あなたに縁のあること（人）を教えてくれているのです。

なんでこんなものに興味があるんだろう？
なんでこの人に惹かれるんだろう？
どうしてこれをやりたいって思うんだろう？
どうして突然あの土地に行ってみたいと思うんだろう？

このように、何の理由もないのに心惹かれる「もの」「こと」「人」「場所」すべてがあなたに縁があるのです。

理由がないからこそ意味があるのです。

理由が揃っているから好き、というとき、頭で考えて選んでいることが多いのです。でも、理由がないことこそ、宇宙があなたにサインを送ってきている証拠なのです。

あなたがワクワクすること、心惹かれることに偶然など何一つもありません。宇宙は1ミリの狂いもなく、心惹かれるもの、こと、人、場所をあなたに与えてくれているのです。なので、そのワクワクを信頼して進んでいってください。

時には、「もっと別のものに興味を持てばいいのに」「もっとこっちを努力してやれるようになったらいいのに」「あの人を好きになれたらいいのに」と思ってしまうこともあるでしょう。でも、興味のないことを無理やりに好きになることはできません。そうすると、あなたの魂の望みと反した方に進んでしまうでしょう。

あなたの内側に湧き起こる感情すべてをありのままに受け取ってください。そして、あな

た自身と宇宙を信頼してください。

先ほどもお話しましたが、私自身、なぜかインドに惹かれて行ってみたら、その後仕事で独立に導かれる運命的な出逢いが待っていました。なぜインドに行きたいと思ったのか？と聞かれても、答えようがありません。なぜならば、そこには何の理由もなかったからです。

「ただ、行きたいと思った」それだけでした。

インドに行ったら有名なフォトグラファーの方がいて、のちに私もその人の元でカメラを学ぶこととなりました。そして、カメラを楽しく学んでいたら、「撮ってください」と頼まれ、気づいたらフォトグラファーとしても活動をスタートしていたのです。

「何でこれに惹かれるんだろう？」と不思議に思うことほど大切にしましょう。あなたの人生に必要なものが、宇宙から与えられているのですから。

work

★今この瞬間のワクワクを行動に移すと、宇宙の流れに乗れます。すると、向こうから驚くようなチャンスがやってくるでしょう！　そのチャンスがこわいと思ったら、ぜひ「こわいはGOサイン」で進んでいきましょう！

★理由もなく心惹かれるもの（人）こそ、宇宙からのサインです。理由もないからこそ、大切なご縁なのです。頭で考えずに、ハートが感じた通りに、行動しましょう。

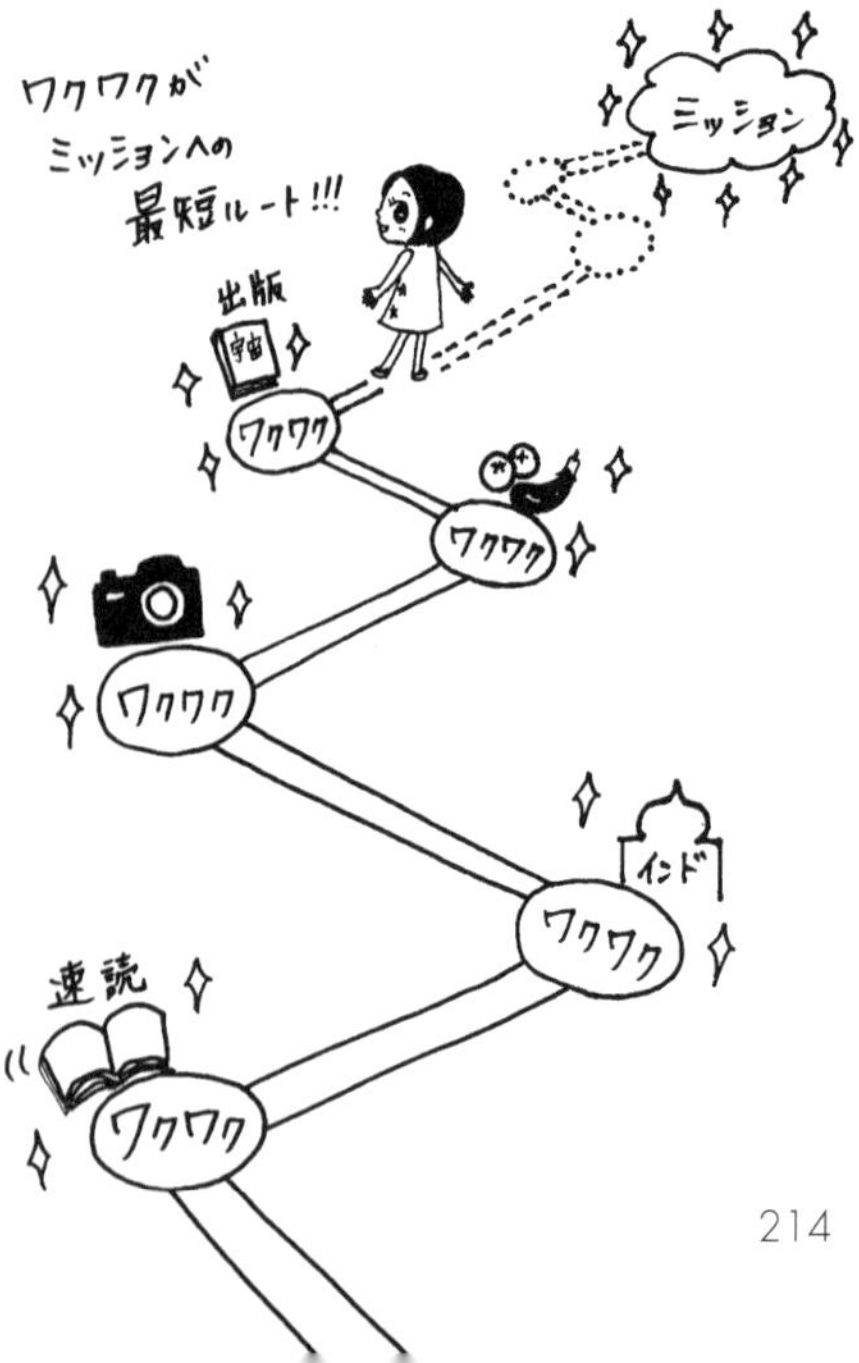

chapter 07

世界を創る

1

一人一人が違う世界を生きている

…あなたの中に発見されていない魅力がある…

私は、物心ついたときから、文字や数字に色がついて見える「共感覚」という感覚を持っていました。

このことに気づいたのは、25歳の時です。友人に、「文字や数字に色がついている人がいるんだって」と言われて、初めてそれが特別な感覚だったんだと気づいたのです。それまでは、自分の感覚に疑問すら抱いたことなく、みんなも同じように見えているものだと思い込んでいました。例えば「4が黄緑色」だという感覚は、全世界の共通認識だと思い、疑ったことすらありませんでした。

共感覚を持っているから素晴らしいとか、そういう話ではありません。あなたの中にも、まだ発見されていない魅力が隠されているかもしれない、ということを感じて欲しかったのです。

私は、偶然「共感覚」という言葉に出会いましたが、もしかすると、その言葉と出会わなければ、まったく気づかないまま人生を終えてしまったかもしれません。みんなが同じように見えていると思い込んでいたのですから。

ということは、あなたの中にもまだまだ知られざる魅力や才能が隠されているのです。科学で証明されていることや、学術的に発見されていることはまだまだほんのわずかでしょう。

子どもの頃は、オーラが見えたり、天使が見えたり、小人が見えたりする人もいますね。でも、やがて大人になるにつれ見えなくなってしまったり、「変なことを言わないほうがいい」と大人から言われ、口を閉ざしてしまった人もいるでしょう。

自分には特別な能力がない……なんて思わずに、自分が普段何をどんな風に感じているか、友人や周りの人とシェアしてみましょう。意外と面白い発見があるかもしれませんよ。気づくか気づかないか、ただそれだけなのです。

…あなたが見て感じた世界があなたが生きた世界…

あなたはいつも、どんな世界を見ていますか？

私たちは、すべての人が同じ世界を見ていると思い込んでいます。でも、実際はどうでしょうか？　他の人がどんな世界を見ているのかは、知ることもできないのです。

私は小学生の時、こんなことを疑問に思っていました。

例えば、目の前に赤いマグカップがあったとします。私には、そのマグカップは赤色に見えていて、みんなは共通言語で「赤」と言っている。でも、隣の人から見たら、そのマグカップは「黄色」に見えていて、それでも共通に「赤」と言っている。本当は黄色を赤色だと呼んでいるのかもしれない。そんなことを思っていました。

実際のところ、どんな風に見えているのかなんて、他人にはわかりませんよね。

私たちは、同じ1冊の本を読んだとしても、誰かのお話を一緒に聞いたとしても、それによって同じ世界を完全に共有できるわけではありません。一人一人が自分の目で見て、心で感じて、その世界に生きているのです。

すべての人が全く同じ世界を見て、体験しているという固定観念を手放しましょう。何が

真実かなんてわかり得ないのに、人と価値観が違うとか合っているとかで悩んだり揉めたりするのはとてももったいないと感じます。

この世界を、もっと豊かに楽しんで、自分が感じている世界、あなたオリジナルの唯一の世界を十分に体験していきましょう。

work

★あなたは「自分の目」を通して世界を見ています。「他人の目」を借りて見ることはできません。だから、みんなが同じものを見ているのではないのかもしれない、と思えば、もっとおおらかに他人の意見を受け入れられるでしょう。

★あなたにも、まだ発見されていない魅力が隠されています。自分がどんな感覚で世界を見ているのか、意識して過ごしてみましょう。

2

あなたが世界を創っている

…世界は、あなたのフィルターを通して見ている…

私たちは同じものを見ても、一人一人が違う受け止め方をします。別の言い方をすると、すべての人が、必ず「自分のフィルター」を通して世界を見ている、と言えます。

一つの出来事に対しても人によって解釈が違うのは、一人一人がそれぞれのフィルターを通して世界を見ているからです。

あなたはどんなフィルターを通してこの世界を見ているのでしょうか？
今、どんな世界を感じているのでしょうか？

例えば、ある出来事に直面して、「自分はなんてかわいそうなんだ」と感じるのか、「自分の人生の大切な学びとなった」と感じるのかで大きな差が生まれますね。

このように、あなたの魂の輝き次第でフィルターも変わってきます。

魂が曇っていると、メガネが曇っているのと同じようにフィルターも曇り、曇った世界を見て、体験することになります。

あなたに大きな気づきが起きた時、突然視界がパァッと開けることがあります。見える世界がワントーンもツートーン明るく見えて、本当にキラキラと輝いて見える瞬間があります。

それは、あなたの魂が喜び輝きだすことでフィルターがクリアになり、世界が明るく照らされて見えるからです。

私は、魂がやりたくてしょうがなかった絵画の世界に飛び込んだ時、ある瞬間から見るものすべてが輝いて見えるようになりました。今までよく見ていた風景がキラキラと輝き、生きていることはなんて素晴らしいんだろうと感じ、ワクワクの感情が溢れ出ました。

いつも通る道が輝きだし、物や人にできる影を眺めているだけで、「なんて美しいんだろう」と心奪われたほどでした。今まで気にも留めなかった、光と影。その美しさにたくさんの感動と生きる喜びをもらいました。

幸せは、もうすでにあなたの手元にあるのです。でも、あなたのフィルターが曇っていては、その幸せを見過ごしてしまうでしょう。

この魂のフィルターをどのようにクリアにしていくのか……答えはとてもシンプルです。ただただ、あなたがワクワクすることを行動すれば、あなたの魂は輝いていくのです。

そのワクワクが一般的に見て、飛んでいても、理解されなくても構いません。あなたの魂がワクワクしているのなら、それがあなたの人生の進むべき道なのです。人は、他人の視点で世界を見がちです。でも、あなたはあなたの視点で世界を見て、自分の心と魂に従って行動していけばよいのです。あなたの人生はあなたのものです。あなたが今見ている世界はあなただけのものです。

どうか思いっきり地球での一生を楽しんでください。遠い来世に期待を寄せるよりも、今この与えられた一生を生き切ってください。

親が何と言おうとも、周りの人が何と言おうとも、深い部分でその人たちの魂はあなたのことを理解し、応援してくれるはずです。

表面だけにとらわれず、自分の魂の深い部分を感じながら、魂とフィルターを磨いていきましょう。

…幸せの選択権はあなたが持っている…

宇宙は、私たち一人一人を常にベストな環境に行きつけるよう、愛を持って采配してくれています。すべてが自動的に動かされていますが、実はそれと同時に、自分の意思によって宇宙を動かしていくこともできるのです。

なぜなら、私たち一人一人が「宇宙」だからです。

私が見た、宇宙の映像のお話をもう一度振り返ってみるとよくわかります。

あの時、私の視点は「宇宙の視点」になりかわっていました。つまり、私自身が宇宙として地球を眺めていたのです。

私はこのことに長い間気づいていませんでしたが、「自分が宇宙であり、1ミリの狂いもなく采配している宇宙もまた、私自身であった」ということなのです。

大いなる宇宙に突き動かされているからといって、自分の意思を持たずに、全てを委ねて采配されるのをただ待つだけの受け身な生き方をした方が良いと考える人がいます。
宇宙に委ねるのはとても良いことですが、同時に人は自ら世界を積極的に創りだしていくことができるのです。

意図して宇宙にオーダーする。そのあとは、委ねる。
そのスタイルの方が、積極的に宇宙にかかわっていくことができます。

采配されるのを待っているだけだと、宇宙のせいにしてしまうことがあります。それよりも、宇宙は自分であり、この世界を創っているのは自分自身だととらえた方が、より積極的にこの地球での人生を楽しんでいくことができるでしょう。

時々、こんな人を見かけます。
それは、今いる環境に満足せず、愚痴ばかり言って、自分で何かを変えようとしない人です。そのような人は、周りの環境が変化していくのを望んでいるばかりで、自分からは行動しようとはしません。また、こんな人もいます。それは、今いる場所に何らかの意味があるのかもしれないと思い、自分からは変化を起こさずに、そこに居座ろうとする人です。

でも、自分も宇宙だとわかれば、世界をもっと自由に創りだしていくことができるようになります。周りの変化を待つよりも、自分で行動を起こす方がはるかに簡単に望む世界を手に入れられるでしょう。

この地球での幸せの選択権は、あなたが持っています。幸せは誰かに与えられるものでありません。自分が幸せになる選択して、自ら行動していくのです。

あなたが幸せを感じられる選択を、毎瞬毎瞬行っていきましょう

会いたい人に会い、やりたいことをやって、自分の魂が幸せだと感じる瞬間を積み重ねていきましょう。

自分の人生、自分で幸せにしていくと決めると、簡単に世界を創りだしていけるでしょう。

work

★あなたが見て感じた世界が、あなたが生きた世界です。
この世界をどう見るかは、あなた次第。フィルターをクリアにして、新鮮な気持ちで世界を眺めてみましょう。

★幸せの選択権は、あなたが持っています。あなたの意志で積極的に自分を幸せにしていきましょう。

3 実際に世界を創ってみよう！

…理想の未来を描く習慣を持つ…

では、実際に世界を創ってみましょう！

どのように世界を創っていくのか。それを、私の体験を通じてお話しますね。

私が、ある日、お気に入りのランニングウェアを着て、家の近所をランニングしていた時のことです
私はふとこんなことを思い立ちました。

「あ〜、今、５００円玉があったら帰りにスーパーに寄って、豆乳を買って帰れるのにな〜」と。そこで、「あ！でも、この世界は自分で創れるし、５００円玉を創ってみよう！」と思いました。そして、「５００円玉を持ってる♪」と思って一瞬ピッと視線を上の方に向けてエネルギーを送りました。そのあとランニングを続けていたのですが、信号が赤になったので、横断歩道の前で立ち止まりました。ふと手を下ろした時に、ランニングパンツに硬いも

のを感じました。「あれ？　これってなんだろう？」そう思って、ランニングパンツのポケットに手を入れてみると、なんと！５００円玉が出てきたのでした！

今まで、ランパンに５００円玉を入れたことはありません。なのに突然出てきたので驚きました。

現在、「引き寄せの法則」に関する本がたくさん出ていますが、私の感覚では、「引き寄せ」というよりも「生み出す」といった感覚の方が強いです。

このことを別のケースで試してみました。

私がまだ教員をやっている頃のことです。

仕事を終えて帰宅途中の車の運転中に、ふとこんなことを思いました。「あ〜、〇〇（お店の名前）のケーキが食べたいな〜。あ、世界は創れるし、オーダーしよう。家に帰ったら、〇〇のケーキを母親が買ってきている」こう思って、一瞬ピッと右斜め上にエネルギーを送りました。そして、私がそのまま家に帰宅すると、本当に母親が私が意図したお店のケーキを買ってきていました。

これは、ほんの一例ですが、これ以外にもあらゆることに試してみました。

その結果、

「年に3回以上海外に行けた！」

「写真の仕事で海外に行けた！」

「〇〇をやるのに必要なお金が入ってきた！」

となりました。


このように、ピッと願ったことはほぼ叶っていったのです。

受けたいと思っていた高額セミナーに招待されたり、ハワイ旅行を突然プレゼントされたり！　プライベートなことなのでここでは控えますが、実際はもっともっと驚くべき出来事をたくさん実現できたのでした。


本の出版も、オーダーした一つでした。ピッとオーダーしていました。そして、実は二冊目もオーダーを出していました。すると、驚くことに、一冊目のこの本がまだ世に出る前に、なんと二冊目の本の企画が通ってしまったのです！　これは、まだ一冊の本も出したことのない新人には、異例中の異例です！


これから、あなたも自分の未来をピッとオーダーする習慣を持ちましょう。

どんな小さなことでもいいので、自分の望みを宇宙にオーダーしましょう。

「ケーキが食べたい！」ということから、もっと大きな夢まで。
あなたが思い立った時にいつでも気軽にオーダーしましょう！

新月や満月に願い事をするとよいといわれていますが、**宇宙的に見ると、あなたが思い立った時にいつでもオーダーすることが大切です。**

新月満月を待たずとも、いつ何時でも、宇宙は願いを叶えてくれます。

今、この瞬間が一番のベストタイミングなのです。

新月満月を気にするのもよいですが、結局一つのきっかけに過ぎません。
それよりも、いつ何時でもオーダーすることをオススメします。そして、何個でもオーダーして構いません。一つ叶うまで次をオーダーしてはいけないと思っている人もいますが、宇宙にそんな制限などないのです。

大切なポイントがもう一つあります。
それは、**夢は叶えたい一歩先まで描きましょう！**ということです。

例えば、作家になりたいとしたら、「作家になれた♪」とオーダーするのではなく、「ベストセラー作家になれた♪」または、「〇冊出版できた♪」とオーダーしましょう。すると、作家になるという夢は、通過点になります。

結婚がしたいなら、「結婚できた♪」ではなく、さらに先の「何十年先も幸せな結婚生活が続いている♪」とオーダーしましょう。これで、あなたがゴールだと思っていた結婚は、夢の通過点になるので軽々と叶っていきます。

今まで思い描いていたよりも、もっと先をオーダーして、叶えたいことを通過点にして、サクサク叶えていきましょう。

…Lightに世界を創ろう！…

宇宙にオーダーするときは、Lightなエネルギーでピッと一瞬だけオーダーしましょう。

宇宙のエネルギーはLightなので、軽やかにオーダーした方が叶っていきます。

なんとしても叶えたいために、強く念じて、何が何でも叶えたいというエネルギーを送っている人がたくさんいます。その時のエネルギー状態は、どんな感じでしょうか？

想像してみてください。

きっと軽やかなエネルギーとはかけ離れていて、とっても重々しいエネルギーになってはいませんか？

強く念じてしまうと執着のエネルギーを発し、宇宙のＬｉｇｈｔなエネルギーとは同調しにくいので、叶いにくくなってしまいます。

叶えたいものほど、一旦リラックスして、宇宙の軽やかなエネルギーにアクセスしてみましょう。強い念を感じたら、まず息を深く吐いて、体の力をゆるめましょう。その方が、うんと叶いやすくなるのです。

肉体をリラックスさせた方が叶いやすい状態になると気づいたのは、私自身があれこれ試行錯誤して研究したからです。

最初は、何か願望を叶えるために、強く念じてみました。

「私は○○を叶えました」と何度もアファメーションを唱えたり、一生懸命叶った場面をイメージングしたりもしました。

ところが、願望はなかなか叶えられませんでした。ある時ふと「願望が当然叶うとしたら、そんなに強く念じなくてもよいのではないだろうか？」と気づいたのでした。

そして、**ペットボトルの水一本を手にするくらいの気軽な感覚で、自分の願望をさらりと手にした感情を味わってみました。そして、Ｌｉｇｈｔに幸せだな〜と感じてみたのです。**

その瞬間、私は、もうそれをすでに手にしたかのような錯覚を感じました。そして、もうそれを叶えたいとも思わなくなっていたのでした。

それから約１ヶ月後、願ったとおりのことが叶っていました。

私は、この時の感覚を時々思い出すようにしています。

そして、軽やかにピッとオーダーすると望みが叶っていくという体験を何度となく繰り返してきました。大きな願望から、小さな願いまで。

本を出版したいというのも、もちろんこのように軽やかにオーダーしてきた結果でした。

宇宙のＬｉｇｈｔなエネルギーとつながると、願望はさらりと叶っていきます。

「念を込めて」とか、「一生懸命」といったエネルギーではない、もっともっと軽やかなエネルギーです。

「やってくる」と宇宙を信頼できるなら、力むことなくオーダーが出せるはずです。

軽やかなエネルギーでオーダーすることは、宇宙に対する絶対的信頼を寄せることでもあるのです。

work

★いつも、どんな時も、宇宙にオーダー可能です！　あなたが思い立った時がベストです。常に理想の未来を描く習慣を持ちましょう。

★夢をゴールにするのではなく、通過点にしましょう。今思っているところより、もっと先をオーダーして、サクサク叶えていきましょう！

★Lightなエネルギーでオーダーしましょう。重々しいエネルギーは執着になってしまいます。ピッと一瞬のオーダーで十分なのです。

4 進むべき道なら、与えられる！

…ベストなタイミングで、ベストなものが与えられる…

あなたが軽やかにオーダーしても、時には叶わないこともあるでしょう。

その時は、本当に軽やかにオーダーできたか、振り返ってみてください。軽やかにオーダーしたつもりでも、実はオーダー後も執着して、「まだ来ないなー」「いまかいまか」と待ちわびて、重々しいエネルギーになっていませんでしたか？

「まだ来ない」と思っているうちは叶いません。オーダーした後に、すっかり忘れて日常を楽しんでいると、ふと願いは叶います。

それでもまだ叶っていないとしたら、やがてベストタイミングでやってきますので、安心して待っていてください。

あなたの人生に必要ないものはやってこないこともありますが、あなたの人生に必要なものは、必ずやってきます！

しかもベストなタイミングで、ベストなものが与えられるのです。

もし願いが叶わなかったとしても、それに代わってあなたにとってもっとベストなものが与えられるのです。

そう思うと、ワクワクしませんか？

やりたいと思ったけど、やれなかった時は、「え！　これよりもっと素敵なものが与えられるの？」と思ってワクワクしながら待ちましょう。だって、宇宙は1ミリの狂いもなく常にベストな環境を私たちに与えてくれているのですから。

オーダーが叶うかどうかは、ワクワクしながら宇宙に委ねましょう。

…愛のエネルギーを循環させよう…

この宇宙は、愛でできています。だからこそ、愛のエネルギーが込められたものはどんどん現実に叶っていきます。

あなたが叶えたいものには、愛のエネルギーが込められていますか？

自分だけ得するといいな〜！　自分だけ儲けよう！というエネルギーだとしたら、宇宙の愛のエネルギーとはずれているので叶っていきません。

お金を求めてはいけないということではありません。豊かさを願うことは良いことですが、自分の欲だけにフォーカスするのではなく、愛のエネルギーを循環させるように願っていきましょう。

例えば、自分がセラピストとして成功したいのだとしたら、クライアントの幸せを心から願いましょう。

営業の仕事をしているのだとしたら、営業先の人やさらにはお客様の幸せと笑顔を願いましょう。

ただ、結婚を願うだけでなく、自分とパートナーとお互いの家族の幸せを願いましょう。

このように宇宙の愛のエネルギーを循環させると、結果、豊かさもついてきます。

なぜなら、愛は宇宙の根本のエネルギーで、すべてを強力に叶えてくれるからです！

ピッとオーダーするときも、愛のエネルギーをのせてＬｉｇｈｔにオーダーしましょう。

あなたのハートからふわっとあたたかい愛のエネルギーが広がっていくのを感じたら、オッケーです！

そして、何より一番大切なのは、いつもあなたが愛の状態でいるということです。いつも愛のエネルギーであふれている人は、どんどん夢を叶えていきます。

あなたの周りに、どんどん夢を叶えている人はいませんか？
その人は、軽やかで明るい愛のエネルギーを放っているのではないでしょうか？

愛のエネルギーで過ごすには、やはり自分を愛することが大事です。そして、大切な人を愛し、家族を愛し、愛するものに囲まれて、愛することを選択し、行動しましょう。
悲しんだり、怒ったり、落ち込んだりしてはいけないということではありません。**どんな自分も受け入れていることが、また自分を愛している状態なのです。**

愛のエネルギーはとても深く、尽きることはありません。宇宙のエネルギーなので無限で、日々深まっていくものです。

愛のエネルギーで過ごすとは、すべての人が共通に持っている魂の課題です。一生涯のテーマです。

あなたがいつでも愛溢れる存在になったとしたら、ピッとオーダーしなくともどんどん思ったことが叶っていくでしょう。

愛のエネルギーを循環させて、たくさんの人に愛を伝染させていきましょう！

work

★オーダーした後は、宇宙を信頼して待ちましょう。あなたの人生に必要なものは、必ずベストなタイミングでベストなものが与えられます。

★愛のエネルギーを循環させましょう。オーダーするときは、愛のエネルギーを送りましょう。そして、毎日、愛のエネルギーで過ごしましょう。

5

宇宙は、あなた自身

…セルフイメージが宇宙そのもの…

「宇宙はなんて無限で素晴らしいんでしょう！」

あなたがこう思っていたとしても、あなたのセルフイメージが低かったら願いは実現していきません。

あなたのセルフイメージこそが、宇宙そのものです。

なぜなら、あなた自身が宇宙だからです。

実際に夢や願望が叶っていくとき、自分自身をどう感じていて、どんなセルフイメージを持っているかが密接に関係してきます。

「宇宙は素晴らしいんだけど、私はね……」

「Ｌｉｌｙさんならできるけど、私はね……」

「仕事運はいいんだけど、恋愛はね……」

そんな風に思っていたとしたら、それが現実のものとなってしまいます。

あなたは、自分が設定した宇宙を生きているからです。


あなたは今までどんなセルフイメージで過ごしてきたのでしょうか？


ここで本を読み進めるのを一旦止めて、自分のこれまでを振り返ってみましょう。

「あ〜、自分のことをこんな風に思っていたな〜」ということがいくつか見つかったら、そんな自分を否定することなく、速やかにそのセルフイメージを書き換えていきましょう。

むずかしく考えることはありません。こんな風に書き換えればよいのです。


「私は宇宙だから、私もできる」

「仕事も恋愛もすべてうまくいっている」

こうやって、自分の思い癖を、もう一度宇宙の観点から見て「できる」という形に書き換えていくのです。

あなたが宇宙なのですから、堂々と書き換えていけばよいのです。

これまでのセルフイメージが低かった自分を否定することだけは決してしないでください。「あ〜、また私こんなこと考えてる！　ダメじゃん！」なんて思う必要はありません。自分を否定することなく、速やかに書き換えていきましょう。

淡々と書き換える。それでうまくいきます。

セルフイメージを書き換えるだけでいいのだと思ったら、またさらに自分の可能性が開けていきませんか？　幸せになるきっかけは、案外簡単なことだったりするのです。

…無限の可能性を自分に与える…

あなたは、無限の可能性を持っています。あなただけではありません。誰一人例外なく、すべての人に無限の可能性が与えられています。

だから、その無限の可能性を、あなたがあなた自身に与えてください。自分に、可能性を受け取る許可を出すのです。

あなたの人生を創り上げていくのは、あなた自身です。

自分のぶれない軸を作ってくれるのは、人からの評価ではなく、「自分からの愛」と「自分からの信頼」です。どんなに人から評価されても、あなたがあなたを認めていなかったら、決して幸せになれません。

自分の可能性を信じるとは、ナルシストな生き方をすることでも自己中心的な生き方をすることでもありません。唯一無二の存在である自分自身に最大の敬意を払うことです。

私は教育に携わってきましたが、そこで、親から信頼を得て育った子どもはのびのびと自分の可能性を発揮していく姿を見てきました。もし、あなたが子ども時代に親から十分な愛と信頼が得られなかったとしても、大丈夫です。大人になったあなたが、今からあなた自身に愛と信頼を送ってください。それで十分取り戻すことができます。

あなたの中に、二人のあなたがいると思ってください。

それは、優しい愛で見守る「大人の自分」と、のびのびと自由に自己表現していく「子どもの自分」です。

あなたが今からあなたを見守る親となり、子どもであるあなたに愛を注いでください。

するとあなたは、たくさんの愛を注がれて育った子どものように、無邪気に才能を開花させていくことができます。


人生に、「遅い」ということはありません。あなたの命がある限り、いくらでも表現し、才能を開花させていくことができるでしょう。

ぼんやりとただ受身で過ごしてきた何十年と、本当に自分の可能性を信じて行動する一年では、時間の質が違います。


あなたの心に火がついたなら、これまでの人生を軽やかにくつがえせるほどの濃い時間が過ごせるでしょう。


どうか、あきらめないでほしいのです。

あなたの魂はきっと、輝きたくてうずうずしているはず。

さあ、自分を信じて一歩を踏み出していきましょう！
こわいはGOサイン！
踏み出した先に待っているのは、最高のワクワクと輝くミッションです！
私は、あなたの可能性を信じています。

work

★セルフイメージが宇宙そのものです。
あなたが自分に対して抱いているセルフイメージが、そのまま叶っていきます。
自分の思い癖に気付いたら、速やかにセルフイメージを書き換えましょう！

★あなた自身が、あなたに無限の可能性を与えましょう。そして、あなたの子ども心を無邪気に解放させていきましょう。あなたからの愛と信頼によって、あなたの才能は開花するでしょう。

エピローグ

ここまで読んでくださってありがとうございます！

ワクワク楽しんでいただけましたか？

読んでピンときたことは、ぜひとも行動に移してくださいね。


最後に、この本にまつわるエピソードを少しお話ししたいと思います。


ある時、北海道から東京に向かう飛行機の中で起きた出来事です。

私はうとうとと夢うつつの状態にいたのですが、そのとき一瞬パッとある夢を見ました。

それがなんと、私の書いた本が出版されて平積みされているのを見たのでした。

私はこの夢を見た瞬間にガバッと起き上がり、「いつか本を出したいと思っていただけど、もう出ている！　これはきっと未来を見たのだ！」と思い、胸がドキドキ高鳴りました。


「ピンときたら、即行動」がモットーの私。

そのあとすぐに、私はこの夢を現実のものにするために、宇宙につい動かされたかのようにハイスピードで動き始めました。

まず、本を書くために企画書の書き方を教わり、猛烈な勢いで企画書を仕上げ、いろいろな出版社に送りました。

その企画がなんと、今回出版させていただいたＢＡＢジャパンの東口社長と、担当編集者の方の目に止まり、拾い上げていただいたのでした。

実際、原稿を進めながら気づいたのですが、「この本の出版は決められていたのでは？」と思うほど、夢とぴったりとシンクロしていました。

まず、夢で見た本の装丁をカラーで記憶しているのですが、その装丁は、私が描いた絵でした。そして、宇宙の色をしていたのです。帯の部分は夢では私の写真が入っていました。実際の帯は、私の写真ではなく、私が描いたイラストの「Ｌｉｌｙちゃん」が同じ位置に配置されることになりました。

このことは、私は編集者さんにはお伝えしていなかったのですが、ぴったりとシンクロしていて驚きました。

今回、まさに1ミリの狂いもなく導かれたなと感じるのは、企画からサポートしてくださった畑田洋行先生と、そして敏腕編集者である、佐藤友香さんとの出逢いでした。

お二人のサポートなしには、この本はこのような望む形では出版できていなかったでしょう！


畑田先生は、企画の段階から、私の書きたいイメージをより読者に伝わりやすいように引き出し具体化するサポートをしてくださいました。

そして、担当編集者の佐藤友香さんは、私と同世代の女性。

私がいつも思い描いている宇宙を、より皆さんに身近に感じていただけるようにと、読者目線になってたくさんのアドバイスをしてくださいました。


私はいつも仕事をする上で、最も「エネルギー」を大切にしているのですが、なんと！友香さんも「本を創るときには一番エネルギーを大切にしています」とおっしゃっていたので、驚くとともに、本当に運命的な出逢いだと感じました。

この本にはそれだけの「ワクワク」と「愛のエネルギー」を惜しみなく注いでいます。

また、私にとって「こわいはGOサイン」の一つである絵を、「描きませんか?」と声をかけてくださったのも、友香さんでした。

実は私も密かに装丁を描けたら嬉しいな～と思っていたのですが、まさか編集の友香さん直々にお声をかけていただき、感激でした!


友香さん自身も、アーティスト家系で育ったアートな才能をたくさんお持ちの方。

だからこそ、私の願いを汲み取って、私の世界観を大切にしてくださり本当に感謝しています。私がこうしたいな～と思う気持ちを、伝える前にピッと察して汲み取ってくださるので、あうんの呼吸ですべての工程がスムーズに進み、自分が思い描いている以上に満足のいく本を創ることができました。

まさか、本文のイラストまで描かせていただくとはまったくの想定外でしたが、まるで童心に返ったように、ワクワクしながら描かせていただきました。


私が小さい頃から憧れていた職業は、作家と画家。

家族はテレビを見ながら団らんしている時間に、私は自分の部屋にこもって、物語と絵を描きながらワクワク熱中した時間を過ごしていました。まさかその憧れの職業を同時に叶えられるなんて、私にとってはまるで夢のようで、記念すべき大切な大切な処女作となりました。

私の思いを大事にして編集してくださった友香さん、畑田先生、ＢＡＢジャパンの皆様に心から感謝申し上げます。ありがとうございます。

宇宙の采配にどれだけ感謝してもし尽くせません。

読者の皆さんも、きっと、子供の頃からやりたかったこと、ワクワクしていたことがあると思います。それは、今からでも叶えることができます。

もし、今ワクワクしていることがあるなら、そこにあなたの無限の可能性が眠っています。

是非、今すぐにそのワクワクの道を進み始めてください！

「こわい」ことこそ、最高のワクワクとなるでしょう。

私自身も、この本に書いたことを常に実践しています。

そして、これからも宇宙とつながって、自分とつながって、さらなる夢を叶えていきます。

ともにワクワクしながらミッションへの道を進んでいきましょう！

この本を読んでくださったすべての方へ、心から感謝申し上げます。

自由に動き回る私を今は暖かく見守ってくれている両親と家族へいつも感謝しています！

この地球で、この人生で、これまでに出逢ったすべての方に心から感謝の気持ちを伝えます。ありがとうございます。

そして、これから出逢う素晴らしいご縁にワクワクしています！

すべての方に、宇宙の無限の愛を込めて。

２０１６年７月★

Lily Wisteria

著者●Lily Wisteria（リリー・ウィステリア）

共感覚者であり、生まれつき文字や数字に色を感じる能力を持つ。大学卒業後、関東の小学校教員となり22歳で結婚。25歳の時、突然の心霊現象と、別居離婚がきっかけとなり精神世界に目覚める。自分の潜在能力を引き出すことに興味を持つようになり、速読やエネルギーワークを研究する中、ある日突然、宇宙から「宇宙の映像」が送られてきて、宇宙のしくみを思い出す。様々な不思議な体験を通して、宇宙がどのように私たちを采配しているかを知る。2014年より、宇宙セミナーを開始。全国12都市を、まわる。
その他、アーティストとして写真や絵画の個展を、銀座表参道で開催。現在、毎日配信中のメルマガ「宇宙の秘密365」が話題を呼んでいる。

HP: http://lilywisteria.com

★

無料メルマガ【宇宙の秘密365】ご登録はこちら↓

ピッとシンプルに『魅力』や『才能』を開花させる

読むだけで 宇宙とつながる 自分とつながる

2016年 8月13日 初版第1刷発行
2016年10月20日 初版第3刷発行
著 者 Lily Wisteria
発行者 東口 敏郎
発行所 株式会社ＢＡＢジャパン
〒151-0073 東京都渋谷区笹塚 1-30-11 4F・5F
TEL 03-3469-0135 FAX 03-3469-0162
URL http://www.bab.co.jp/ E-mail shop@bab.co.jp
郵便振替 00140-7-116767
印刷・製本 中央精版印刷株式会社
 ISBN978-4-86220-994-8 C2077

■ CoverIllustration ／ Lily Wisteria
■ Illustration ／ Lily Wisteria
■ Cover Design ／中野岳人
■ DTP Design ／大口裕子